谨以此书

纪念马国兴先生（1943.9—2011.6）

逝世十周年

勿使前辈之遗珍失于我手
勿使国术之精神止于我身

马国兴释读

杨氏老谱三十二目

马国兴 注释

崔虎刚 整理

北京科学技术出版社

图书在版编目（CIP）数据

马国兴释读杨氏老谱三十二目/马国兴注释；崔虎
刚整理 . —北京：北京科学技术出版社，2021.3（2024.6 重印）
ISBN 978-7-5714-1200-5

Ⅰ.①马… Ⅱ.①马…②崔… Ⅲ.①太极拳—研究
Ⅳ.① G852.11

中国版本图书馆 CIP 数据核字（2020）第 214269 号

策划编辑：王跃平
责任编辑：胡志华
责任校对：贾　荣
责任印制：张　良
封面设计：何　瑛
出　版　人：曾庆宇
出版发行：北京科学技术出版社
社　　　址：北京西直门南大街 16 号
邮政编码：100035
电话传真：0086-10-66135495（总编室）
　　　　　0086-10-66113227（发行部）
网　　　址：www.bkydw.cn
印　　　刷：保定市中画美凯印刷有限公司
开　　　本：710mm×1000mm　1/16
字　　　数：191 千字
印　　　张：15.75
插　　　页：4
版　　　次：2021 年 3 月第 1 版
印　　　次：2024 年 6 月第 2 次印刷
ISBN 978-7-5714-1200-5
定　　　价：89.00 元

前　言

马国兴先生,祖籍河北肃宁县,出生于北京,7岁启蒙,随父修炼传统拳术内、外功夫及基本攻防技法,功夫早成,青年时期即练就"骨响齐鸣"之功。后返乡,随其堂祖马金铎、表祖柳明三、师爷田京奎三人继续深造,常以其中一人之秘授打法求教另一人之破法,再于第三人处印证,循环往复。十年后,终至实战攻防懂劲之艺境,以独臂练就了"浑身是手"的修为。

自 1998 年开始,在常学刚先生和笔者的大力支持与帮助下,马国兴在《武魂》杂志上连续发表多篇署名文章,遂为武学界瞩目。同期,在笔者推荐、王占伟先生及王跃平编辑的帮助下,正式出版了《古拳论阐释》《古拳论阐释续编》《龙涎集》等传统拳术著作,不仅有助于广大武术爱好者理解拳术技法,而且提高了人们对我国传统文化与传统武学深入结合的认识,在武学界引起很大反响。

马国兴先生一生刻苦修炼传统拳术,潜心于我国古典拳术理论研究,以自身实修的功夫体验印证前人的著述,力求用我国古代哲学思想认识并阐发传统拳术攻防之道的修炼、建体、至用及攻防艺境升华的系列方法,以此形成了一套独特的"马氏武学体系",即以《易经》《道德经》《黄帝内经》及兵家理论等为核心的传统拳术理法体系。其著有"中华拳术明镜录"系列书稿近百部(包括《易经卷》《道德经卷》《孙子兵法卷》《浑元剑经阐释》《少林拳经阐释》《太极拳经经论注解》《拳术内外功法卷》等),是当今武术界以传统文化释论拳术攻防之道的第一人。

历经多年,克服重重困难,北京科学技术出版社此次推出《马国兴释读浑元剑经》《马国兴释读杨氏老谱三十二目》《马国兴释读太极拳论》《马国兴释读陈氏老谱》四本著作,是对《浑元剑经》及经典太极拳谱于传统文化视角解读的有益补充。这四本著作将《易经》《道德经》《黄帝内经》及兵家理论等深入地贯穿于论述之中，将刷新学人对太极拳谱及元末明初毕坤先生的《浑元剑经》的认识。

当今传统武术的传承存在着两个"断代"，一是传统拳术知识与文化的断代，二是传统拳术理论与系统化训练的断代。面对前人留下的大量珍贵拳谱拳论，现代人观之往往如读天书，不明所以。本系列书籍的出版，或许能为传统拳术爱好者们点亮一盏心灯，于"断代"之间架起一座桥梁，使今人得以一窥古人拳法之奥妙。

马国兴先生常说："古人诚不欺我，故我不欺人也！"值得一提的是，马国兴先生在书中介绍了其很少公开的具体功法，这些功法内外相生、别具一格，期望有心人能借此良机将其所传发扬光大。

笔者常想，若马国兴先生尚在，今日留存的《母子拳》等大量珍贵拳谱尚有人可解，而今斯人已逝，惟有长叹！

崔虎刚谨书

2020 年 11 月

目 录

卷一

杨谱：清代杨氏传钞老谱（一）

杨谱：八门五步

掤南，捋西，挤东，按北，採西北，挒东南，肘东北，靠西南——方位。

坎，离，兑，震；巽，乾，坤，艮——八门。

方位八门①，乃为阴阳颠倒之理，周而复始，随其所行也。总之，四正四隅不可不知矣！

夫掤捋挤按是四正之手，採挒肘靠是四隅之手。合隅，正之手；得门，位之卦。以身分步，五行在意，支撑八面。

五行：进步火，退步水，左顾木，右盼金，定之方中土也。②

夫进退为水火之步，顾盼为金木之步，以中土为枢机之轴。怀藏八卦，脚跐五行③；手步八五，其数十三，出于自然。十三势也，名之曰"八门五步"④。

题解

此文充分说明太极拳十三势、八门五步名称的来源。应与王谱"太极拳释名"一文合观，始明太极十三势练用精义！只有精心观读歌诀内容精义，方能领会其中妙谛，为己所用。

注解

① 方位八门：

八卦、八数配八门：坎卦、休门常主一，坤卦、死门常主二，震卦、伤门常主三，巽卦、杜门常主四，乾卦、开门常主六，兑卦、惊门常主七，艮卦、生门常主八，离卦、景门常

八方位示意图

九宫图

主九。

"八门""九宫"，皆出于"洛书"，如以拳法而言，任何一式拳招，皆"一身即立体九宫"。此乃自身内的八门说。在身外，又有四正四隅的八门之所处方位，但此随自身转动变化，八门亦随之变化。内外如是。"中正安舒、动变平衡"状态，既是自身劲形匹配如一的理法根据，又是四正四隅攻防动变的立体"坐标图系"。有自身"内外"静动变化的方位控制、劲力运用、尺寸控制的多种作用解说。

以上的"八门九宫"说，各家皆有具体的说法，故不再赘述。

②进步火，退步水，左顾木，右盼金，定之方中土也：

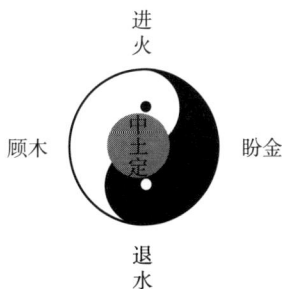

五行步法示意图

3

③ 怀藏八卦，脚跐五行：

心中蕴藏掤捋挤按、採挒肘靠之八法、八门运用之机势，脚下踩定五行步法之机势，合之，名曰十三势，这就是十三势出于自然的道理。

④ 八门五步：

八五十三势，又名八门五步拳法或八卦五行拳法。

八门五步用功法

八卦五行，是人生固有之良。① 必先明"知觉运动"四字之本由。② 知觉运动得之后，而后方能懂劲。③ 由懂劲后，自能阶及神明矣！④

然用功之初，要知知觉运动虽固有之良，亦甚难得之于我也！⑤

题解

题目说明，修炼好太极拳术攻防之道，要从自身的听探之良知、顺化之良能、相互为用的能力入手，方能进一步懂劲，才能继而达到神明艺境，具备神化之功。然而"知觉运动虽固有之良，亦甚难得之于我也"！此论从人之与生俱来的良知、良能的角度，直指太极拳术攻防之道的修炼、健体、致用之真谛妙旨。据我数十年修炼、实践的体会，确实如此，言之凿凿！

注解

① 八卦五行……固有之良：

八卦五行，指掤捋挤按採挒肘靠、进退顾盼定之八法五步，皆是人与生俱来的固有之良能，其中各种动作，人人可以做到。

②必先明……四字之本由：

虽然人人具备良知、良能，但要想攻防运动做得好，还必须先要明白听探之良知的功能、顺化之良能的关系及其根本缘由。要从以听探之良知运用顺化之良能，顺化中亦听探着，听探、顺化相互为用的关系中，获得攻防技能，也就是"驭静以动，动中亦静，动静互为其根"的法式，这就是"知觉运动"四字的精义。

③知觉运动……方能懂劲：

练就了听探顺化相互为用的能力，而后方能懂劲。何谓懂劲？即懂得在攻防对待中顺人之势、借人之力，运用以柔用刚、黏走相生、化打合一的能力。或者能够具备顺从以为进退的四两拨千斤、逆力以为揭献的借力打人的攻防能力。

④自能阶及神明矣：

神明者，必然具备听探之良知、顺化之良能及其相互为用的神以知来、智以藏往的攻防能力，已经是无形的拳道功夫艺境，继而能达到"极武不杀"神化之功的境界了。

⑤用功之初……难得之于我也：

虽然知道知觉运动能力，然而在太极拳术攻防之道修炼初期阶段，真正获得听探顺化相互为用的功夫能力，亦是难得上身（成功）的事！修炼太极拳术攻防之道本是系列方法、系统工程的躬身自厚之学问，要经过法分三修、游历三境，历经九个阶段，方能成功，故而"亦甚难得之于我也"！

固有分明法

盖人生降之初，目能视，耳能听，鼻能闻，口能食，体能触。颜色、声音、香臭、五味、冷热轻沉，皆天然知觉固有之良；①其手舞足蹈与四肢之能，皆天然运动之良。②思及此，是人孰无？因人性近习远，失迷固有。③要想还我固有，非乃武无以寻运动之根由，非乃文无以得知觉之本源。是乃运动而知觉也。④

夫运而知，动而觉；不运不觉，不动不知。⑤运极则为动，觉盛则为知。⑥动知者易，运觉者难。⑦先求自己知觉运动得之于身，自能知人；⑧要先求知人，恐失于自己。不可不知此理也。夫而后懂劲然也。⑨

题解

此文以精练的语言，申明了"人身固有之良"的具体内容以及良知、良能的相互为用之关系；又进一步论述，如何才是正确修炼太极拳术攻防之道的方法、准则及功力精进的先后顺序。此文可同时参考《浑元剑经·剑髓千言》中所云："人为万物之灵，其即仰观天以执行，俯察地以建极，居覆载之中，首出庶物者也。仰人何谓乎先？涵养之以静以蕴其继，灵妙之以动以畅其用。体非无以立其大本，用非无以彻其元功。离之中坤其静基也，《易》之卑法地者此也。然静则功力绵绵不息，其体至柔至刚。非柔则原委难于无间，非柔中刚，未免有作辍之时。柔者静之体，刚者则又柔之体也。坎之中乾其动机也，《易》之崇效天者此也。非无则空灵犹恐障蔽；非无中生有，奚以见变应之奇？"这段论述基本概括了太极拳之练、体、用的宗旨了，与本文有异曲同工、相互印证之妙。

注解

① 盖人生降之初……知觉固有之良：

人一生下来，眼目之视觉能视物辨色识远近，耳朵之听觉能听声音分辨旋律、位置，鼻之嗅觉能知香臭腥膻，舌之味觉能分酸甜苦辛咸之五味，身体触觉能辨物体之轻沉冷热，皆天然生成，固有之良。

② 其手舞足蹈……运动之良：

手舞足蹈及身体四肢所有能做到的种种能力，皆天然生成的固有之良能。

③ 思及此……失迷固有：

想到人的听探之良知、顺化之良能及其相互为用的能力，又有哪一个人不具备呢？人在与生俱来的听探之良知、顺化之良能的本性这一点上是完全相同的。由于认识观念不同，修炼方法各异，是否能正确运用就有了明显的差异。有的人反倒在修炼太极拳术攻防之道中，迷失了固有的功能。这句是从《三字经》的"人之初，性本善。性乃近，习相远"脱化而来的。

④ 要想还我固有……而知觉也：

修炼太极拳术攻防之道的文健体、武用精乃返本归原之道，就是恢复我固有功能的最有效方法。因为，武用精神可以寻觅到顺化之良能的运动根由，在于良知；文体建道可以寻觅得听探之优良觉知的本源。这就是听探之良知、顺化之良能相互为用的运动致觉知的道理。

⑤ 夫运而知……不动不知：

只有通过内功心法的修炼，才能气遂心到、心遂气穿，心能普照，气自周全，此乃运而知的精义。只有通过外功不断实践，才能获得觉知的功能，此即运而觉的精义。然而，觉知的敏捷之良能，是通过内功心法的修炼，从根本上获得的，这就是不运不觉的精义。不通过较技实践的活动，就不能够知道听探之良知、顺化之良能及其相互为用之功能与价值，此乃不动不知的精义。

⑥运极则为动，觉盛则为知：

内气运行而导致外形的运动，这个过程为动。而关于觉盛者，内容相当丰富：如有眼直者，审视有先之明，知其未发之招，悉其将发之意。又有一眼罩三关的功夫一说。上视眉间，中视齐项，下视脐带，此为三关。上关胜负之机，强弱邪正、善恶奸诈之所从出，招所由变，欲左者虚其右，欲上者虚其下，约之前后、进退、起伏、攻守、刚弱、奇正皆如之，盖人通病，能融化者乃入妙矣；中关看其横斜、曲直、扭跨、腰腿、动止、手肘、起伏之枢；下关看其引诳之变、跳跃之机。有人一触我皮毛，我之内劲已入其骨里，如皮燃火、如泉涌出，丝毫无差地将人跌出，此谓之临皮静的功夫。

⑦动知者易，运觉者难：

知道自己而能由己的功夫，容易获得。在攻防运动过程中，凭着觉知的功夫而能随屈就伸，无过不及，达到人刚我柔谓之走、我顺人背谓之黏的黏走相生、化打合一的艺境，可就难了。

⑧先求自己……自能知人：

先求自身的听探之良知、顺化之良能及其相互为用的功能于自身，再以顺从的方法求得知人，功弥久自能知人。

⑨要先求知人……懂劲然也：

未先求知己而先求知人，恐怕就会失去自己的听探之良知、顺化之良能及其相互为用的功能之本来面目。所以，修炼太极拳术攻防之道者，不可不知"先求自己知觉运动得之于身，自能知人"，能知人者，而后自能懂劲，这是修炼的必然规律。

粘黏连随

粘者，提上拔高之谓也。①黏者，留恋缱绻之谓也。②
连者，舍己无离之谓也。③随者，彼走此应之谓也。④
要知人之知觉运动，非明粘黏连随不可。⑤斯粘黏连随之功
夫，亦甚细矣！⑥

题解

此文明确提出：欲求得知人的运动功能，非得从明白粘黏
连随的技法入手不可；再进一步，非得精熟粘黏连随的技巧功夫
不可。这里充分指出了粘黏连随四功法的重要作用。正如前贤所
言：施招用手、施手用招含形随应致变，皆从他力取法。要点在
心空灵，而手灵妙，猝变无心动之惶惶之色，动静皆自然，非勉
强也。自然之力，由于习惯也。尔等能潜神熟练，自可时至神
知。这段论述亦说明，只有运用粘黏连随的法式才能得到神以知
来、智以藏往的功能。

注解

① 粘者，提上拔高之谓也：

粘，乃轻如杏花雨粘衣之粘也，即轻灵的不撄人之力及与人
接连为一体的方法，以便于听探对手的虚实动静之变化机势。

② 黏者，留恋缱绻之谓也：

黏，乃"我顺人背谓之黏"之黏也。黏者，内劲刚发之法式
也。虽曰刚发，并非一触即发地将人跌出，而是内劲留恋缱绻。
黏，不舍之趣味也。

③连者，舍己无离之谓也：

连者，与彼呼吸成一体的、不离开他亦不让他离开的舍己无离之法式也。

④随者，彼走此应之谓也：

随者，随彼进退而缩伸也。正彼走此应之谓也。

⑤要知人之知……连随不可：

要想得到知人的运动功能，非得明白、精熟粘黏连随的技法、技巧、功夫不可。

⑥斯粘黏连随之功夫，亦甚细矣：

粘黏连随的功夫，一字一法，四字乃成四种功夫，四字连用就是太极拳的攻防功夫，其中蕴涵的攻防技法与功夫内容，细密而又丰富呀！

顶匾丢抗

顶者，出头之谓也。①匾者，不及之谓也。②

丢者，离开之谓也。③抗者，太过之谓也。④

要知于此四字之病，不但粘黏连随之功断，且不明知觉运动也。初学对手，不可不知也！更不可不去此病。⑤所难者粘黏连随，而不许顶匾丢抗，是所不易也！⑥

题解

此文讨论了顶匾丢抗之四病的表象、原因及其危害。能去此四病者，必须在粘黏连随四功法中求知。也只有始终遵从粘黏连随四功法，才能达到神拳神明艺境，具备神化之功。

注解

① 顶者，出头之谓也：

力出尖者，谓之顶。人来，不能接应，而接触点的力出头（尖）拒人来，是过之病。

② 匾者，不及之谓也：

匾者，自身拧转不知掤势，触处成圆饱满而让"中"之病也。故以"不及"论之。

③ 丢者，离开之谓也：

凡动静屈伸诸法中，自己离开人或人能离开自己而去，皆为丢病，亦为不及之病。

④ 抗者，太过之谓也：

人欲进来，不能接引使进，而出力抵抗之，故曰太过之病。

⑤ 要知于此……不可不去此病：

要知道顶、抗是过之病，匾、丢则是不及之病。凡犯有此四病之一者，不但粘黏连随四功法的运用会出现断而不能续接的病拳，重要的是不能明白太极拳术攻防之道乃知觉运动。初学太极拳术攻防之道的人，不可不知道这个道理！更不可以不知道不去此四病的这些危害呀！

⑥ 所难者……所不易也：

修炼太极拳术攻防之道的难点在于，要学会粘、连、黏、随，而没有顶、匾、丢、抗。这就是太极拳攻防之道不容易修炼到无上境界的根本原因所在。

对待无病

顶、匾、丢、抗，失于对待也，所以为之病者，即失粘、黏、连、随，何以得知觉运动？①既不知己，焉能知人？所谓对待者，不以顶、匾、丢、抗相对于人也；要以粘、黏、连、随等待于人也。②能如是，不但对待无病，知觉运动亦自然得矣，可以进于懂劲之功矣！③

题解

此文进一步强调了要想在对待中不出现顶匾丢抗的病拳，就要在对待中坚决实施粘黏连随的四功法，形成习惯自然的觉知运动能力。

注解

① 顶、匾、丢、抗……知觉运动：

顶、匾、丢、抗之所以为病，因其在比武较技中失去正确对待他人的法式，即失去舍己从人的以粘黏连随为核心法式的功夫，这一功能的体现，具备着不攘人之力的"一羽不能加，蝇虫不能落；人不知我，我独知人"的制胜能力。这种攻防能力，正如太极拳家所讲的境界："至于中气，能令敌人进不敢进、退不敢退，浑身无力，及其危难。足下如在圆石上站着不敢乱动，几乎足不动即欲跌倒。此时虽不打敌，敌自心服。"

② 既不知己……等待于人也：

在对待中实施顶匾丢抗的四病之法，是由己不从人的错误方法，又怎能做到知人呢？所谓对待者，不以顶匾丢抗实施于人，而是以粘黏连随法等待于人。这就是太极拳术以静制动的基本制胜法则。

③ 能如是……懂劲之功矣：

能如是做到以粘黏连随的法式对待对方，不但在对待法中没有毛病，知觉运动功夫亦自然能够得到，还可以进一步获得懂劲之功夫。由此可知粘黏连随四功法的修炼、致用的重要作用了。

对待用功法守中土①
——俗名"站橦"②
（七言十句）

定之方中足有根，先明四正进退身。③
掤捋挤按自四手，须费功夫得其真。④
身形腰顶皆可以，粘黏连随意气均。⑤
运动知觉来相应，神是君位骨肉臣。⑥
分明火候七十二，天然乃武并乃文。⑦

题解

此歌诀论述的是太极推手和比武较技时，如何运用功法守中土之修炼方法。"站橦"，又名"摇山晃海"法。摇山晃海法，有前后左右的圆形旋转法和前后左右的8字拧转法两种基本法式。歌诀中的论述，充分地肯定了这一练功法是必修的基础功法之一。

注解

① 守中土：

身法上有"中土不离位"和"中土常守"两个基本内容。中土不离位，是指身法的百会至会阴穴的中轴线，在比武较技的攻防动变中，时时刻刻不能超过步法上两腿中间三分之一的范围。中土常守，是用法功夫，即"站住中定往开里打"的法则、规矩，是常守接触点中心眼位的法式，即王宗岳《太极拳论》中所说的："人刚我柔谓之走，我顺人背谓之黏。左重则左虚右已去，右重则右杳左已去。仰之则弥高，俯之则弥深，进之则逾长，退之则愈促"。

② "站桩"：

又名摇山晃海法，是动练功法中的一种，所谓"沙地戳杆"的练法，是修炼上虚下实不倒翁之功夫的方法。古有"一轰摇又转"的练法、八切闪的练法，皆是此"站桩"功法中修炼的内容。

③ 定之方中足有根，先明四正进退身：

定者，中定也。此处又有施招用手、施手用招的中土不离位，以定用手的意思。方者，四正四隅之八方的方位和掤捋挤按、采挒肘靠的八劲势之方法的运用。足有根，足乃一身劲形攻防变化之根基。有了身法、步法、手法的基本功夫法则后，要明白掤捋挤按四正手法的运用和进退顾盼的身法运使之功夫。

④ 掤捋挤按自四手，须费功夫得其真：

掤捋挤按就是四正手，要花费一定的修炼时间，才能得到粘黏连随法的顺人之势、借人之力的一点子黏走相生、化打合一的真攻防功夫。

⑤ 身形腰顶皆可以，粘黏连随意气均：

太极拳一身攻防动变的主从关系，是"以不动之腰脊，催动动之手足"为基本法则，故而运用"腰顶"的功夫，就可以实施了（具体腰顶功夫内容观看下首歌诀的注解）。但是，在实施掤捋挤按四正手、运用粘黏连随法的始终过程中，内气、外形都要保证劲势均匀才是功夫。这才能在黏走、靠吃法中做到不撄人之力，四法方能得以顺利实施而有效。

⑥ 运动知觉来相应，神是君位骨肉臣：

太极拳法攻防的真谛，就是"以听探用顺化，顺化中亦听探，听探顺化互为其根"，能够在对待中"驭静以动，动中亦静，动静互为其根；柔化刚发，以柔用刚，阴阳迭神其用"。这些内容充分表达了"运动知觉来相应"之精义、"意气君来骨肉臣"之练用宗旨。

⑦ 分明火候七十二，天然乃武并乃文：

分明火候七十二之说法来自《易经》。《易学藏书》中载："《易经》之数，阳顺阴逆，阳数始于一，而阴数终于六。故《易》卦六爻，天人之用皆备矣！六六三十六，故六十四卦，实只三十六卦，以三十六而具六十四之用，且生生不已，变化无穷。邵子曰：'三十六宫都是春。'即三画八卦之爻数、位数，阴阳错综，亦无不为三十六之数。"

此论中的"三十六宫都是春"，说的自身中的正阳之气，就是身体如同九重天，玲珑剔透，内外如一，无有一丝杂气搀入其中，法身道体的景象。此三十六宫的正阳之气，统一称为天罡气。天罡之气，在自然界中，就是一年四时的阳刚正气，这从罡字的字形（上四下正）组合之会意中，可以看得出来。传统的《易经》学说有"天罡地煞"的说法。天罡既指正阳之气，则地煞就指阴邪而言了。然天罡正阳之气惟一，地煞阴邪有二。故有一天罡正阳之气而管两地煞阴邪的说法，因此才有天罡三十六宫都是春、地煞七丨二阴邪的说法。修炼传统拳术的人都知道：一气灵明不昧者，谓之神。神者，天罡正阳之气也。而一气昧而不明者，谓之鬼。鬼者，地煞之阴邪者也。为何天罡正阳之气惟一？其明而不昧，无过不及，恰当者也。为何地煞阴邪有二？其昧而不明，有过与不及之两弊，总不恰当者也。三十六乘二，不正是七十二之数吗？这就是七十二阴邪之说法的来源。

又，《易经》的理法有阳数终于九之说，故以九为阳气之用数；阴数起于四，故以四为阴形起用之数。此理法运用于传统拳术之中，象征人身的内气、外形之数。内气以九为用之数，外形以四象为起承转合用之数，积合亦是四九三十六天罡之数，此为正法。三十七式太极拳的套路编排，就是三十六式加上一起式和收式，起、收式为一式，正好是三十七式。如果外形以四为起承转合的用之数中，每个法式都存在有过与不及之两种阴邪，合之为八之数，与内气用九之数的积合之数正好是八九七十二阴邪之数。

而在外形四象动变正确的情况下，一阳之内气之九，亦有过与不及之二病，以九数之二积等于十八，十八乘四之积亦是七十二阴邪之数。

总之，七十二阴邪的说法在传统拳术中乃指内气、外形不能内感通灵的过与不及的弊病而言的。

由此论中的内容可以看出，七十二阴邪的数字之说法，并非具体指外形的哪一个部位而说的，而是《易经》天人合一学说中类物比象的通论法。自身内外的任何部位，犯有过与不及之病的，都属于七十二阴邪之内。故而，任何人欲想在自身内，寻觅出七十二阴邪的具体所指之部位，都是徒劳无功的。

如果再从君一臣二的观点来认识，则身内有一内气为君，外形有筋、骨之二臣，故应君主臣从为用，方能建立功勋，这就是三十六宫都是春的精义。一君为正阳之气，则君正无失，因其具备知来藏往的神通；二臣为有形的筋骨，不辅君而行则为妄施动静，而过与不及是妄为动静之名，是名阴邪。故而拳家提出"意气君来骨肉臣"为修炼太极拳术攻防之道的基本法则。如以一身九节攻防动转四象变化，正常者乃四九三十六宫都是春，这就是三十六式太极拳之体、用的立意；如九节攻防动转，出现过与不及的四象变化之结果，就是二九一十八，再乘四，亦是七十二阴邪之数；如九节攻防动转的四象变化，出现过与不及，就是二四如八，再乘九，亦是七十二阴邪之数。

如果以《中庸》的理法来认识："中者，不偏不倚，无过不及之名！庸，平常也。"而太极拳术的中庸之道，就是立如平准、活似车轮、偏沉则随。偏沉于己，柔以化之；偏沉于彼，刚而逼之。此即不偏不倚，无过不及的功夫艺境，至此已将七十二阴邪化尽矣！

天然乃武并乃文，传统拳术中认为自身的内劲为文体，文体的攻防运用，是名武用。这是自身"内文明而外柔顺"、天然具备之文体武用的说法。能达到"神以知来，智以藏往"的能力时，自有不期然而然、不期至而至的无为境界。

身形腰顶

（七言八句）

拳法枢机妙无形，无形枢机自当熟。①
身形腰顶岂可无，缺一何必费功夫？②
腰顶穷研生不已，身形顺我自伸舒。③
舍此真理终何极？十年数载亦糊涂。④

题解

此文是专题论述身形功夫与腰顶功夫之主从关系的。修炼太极拳术只有很好的身形功夫，还不算功夫完备，还需要有全面的腰顶功夫为根枢。具体的腰顶功夫内容，看具体条目的注解。

注解

① 拳法枢机妙无形，无形枢机自当熟：

古歌诀云："先将要诀记分明，手眼身形式在清。大小枢机随运用，高低正覆有权衡。"这首歌诀说明，自身攻防机体、机制之内外的枢机不止一处。而内劲这一枢机确是无形的道体，无形的道体枢机（内劲）的升降、涨渺之攻防作用，固然应当精熟。

②身形腰顶岂可无，缺一何必费功夫：

然而，有形身法中"腰顶"的功夫，哪能没有呢？腰有"五顶"的功夫内容，论之如下。

首先说腰顶之顶。腰为外形的上下相随、攻防动变之中枢机要处，简称中枢，又名根枢。

因为腰的左右虚实决定着左右手足上下相随动变的正确与否，故腰实者为顶之用法，腰虚者为化之用法。一腰同时可见虚实二用，此亦是一体之中见二法的运用，即"易有太极，是生两仪"。此乃腰顶运用的根本，即第一精义。

腰有刚柔两种运用的法式：柔化时，腰要圆活灵通，可有万拳招法攻防变化之运用；刚发时，鞭直坚固，可助拳势的发放之威力。此乃腰顶运用的第二精义。

运气在腰脉一条，太极拳讲究：

> 紧要全在胸中、腰间变化，不在外面。力从人借，气（机）由脊（己）发。胡能力由脊发？气向下沉，由两肩收入脊骨，注于腰间，此气由上而下也，谓之合；由腰形于脊骨，布于手指，此气之由下而上也，谓之开。合便是收，开便是放。能懂开合，便知阴阳。
>
> 《清代李亦畬太极拳论·五字诀·五曰神聚》

论中的"气之由下而上也"之开法，乃腰顶气上行发放之运用的第三精义。

内气、外形相互为用之"腰顶"：

由屈伸动静，见入则开，遇出则合；看来则降，就去则升。夫而后谙为真及神明矣！

《清代杨氏传钞老谱·懂劲先后论》

此段论述中的"见入则开，遇出则合"乃言外形运用之法式，"看来则降，就去则升"乃论内气运用之法式。如果以内气、外形的相互匹配如一、劲形逆从之法式立论，就要写成：见入则开，看来则降；遇出则合，就去则升。此法式中自然见到内气外形的阴阳逆从、劲形反蓄的暗劲法式，更为重要的是，这中间可以见到腰顶的前顶、后顶的具体运用方法。分析如下。

见入则开，看来则降：若对手进击逼来，则我在接触点的外形为开式，而内气看其来势则降至腰间，腰之外形自有前顶的运行之势。此乃腰顶运用之第四精义。

遇出则合，就去则升：若对手先前进来逼迫，没有功效，必定引领而退走，则我与之接触点的外形立改为合式，内气看其去则由腰间形于脊骨、布于手指。腰中之内气要有一股要往后顶腰之形的劲势，以预防外形随彼去而出现前倾之失。此乃腰顶运用的第五精义。

上述腰顶的五种运用方法之精义，有用形者，有用气者，有以形用气者，有以气用形者，有内气、外形相互为用者，皆腰之气形相互为用之功。因杨家对腰顶的功夫之认知的确凿，故作此歌诀以便于流传。又有：

太极圈

（七言十句）

退圈容易进圈难，不离腰顶后于前。

所难中土不离位，退易进难仔细研。

此为动功非站定，倚身进退并比肩。

能如水磨催急缓，云龙风虎象周旋。

要用天盘从此觅，久而久之出天然。

《清代杨氏传钞老谱·太极圈》

此歌诀清楚地论述了腰顶的功夫中有前顶的用形之法和后顶的用气之法——退圈之时腰形往前顶，进圈之时腰气往后顶。不管进圈、退圈的前后之腰顶，都要保证中土不离位。退圈时，容易做到腰前顶和中土不离位。进圈时，比较难做到腰中劲势后顶和中土不离位。

进退圈法，是单操立项而修炼的功法内容，俗名"站橦法"，乃动练桩功法，前面已录其歌诀。此功法中有进圈、退圈的修炼方法。双足站定，肩胯锁定，以百会至会阴的虚中为中轴，双腿虚实转变，使自身作前后左右的圆形摇摆晃动或 8 字法的摇摆晃动，再加之双手的屈伸配合，修炼腰之前顶、后顶功夫。能做到进退的左旋右转，前后左右的旋转如催水磨圆活无滞，可疾可缓，内气、外形匹配如一，周旋而无圭角，则腰之五顶功夫精纯。此时运用天盘手法的"掤捋挤按"四正手与人粘黏连随而修之，皆从他力取法，久而久之顺随为法，粘黏连随的纯任天然的攻防能力就习惯成自然了。此歌诀的重要之处，在于腰顶功夫非一也。腰顶功夫有五项内容，又特别强调"中土不离位"的法则。腰的左右虚实的实者亦为腰顶的功夫，不可不知。

③腰顶穷研生不已，身形顺我自伸舒：

腰顶功夫有五项基本内容，穷通研透体认无误，方能攻防拳势，生生不已，势若长河，滔滔不绝。腰顶功夫诸法精纯，身形灵通顺达，自我卷舒自如。

④舍此真理终何极？十年数载亦糊涂：

修炼太极拳术者，若舍此腰顶功夫理法的获得，终不能达于神化之极境。十年数载的修炼而不得真传秘诀者，亦是糊涂练的糊涂之人。

观此歌诀，着重谈的是腰顶功夫乃身法中不可缺的内容，缺少任何一项，皆为未得真传秘诀，终无正果，何必再浪费功夫修炼呢。如同诀言："舍此真理终何极？十年数载亦糊涂。"

太极圈①
（七言十句）

退圈容易进圈难，不离腰顶后与前。②
所难中土不离位，退易进难仔细研。③
此为动功非站定，以身进退并比肩。④
能如水磨催急缓，云龙风虎象周旋。⑤
要用天盘从此觅，久而久之出天然。⑥

题解

太极圈者，健顺和之至，太和一气也，万物之通理，名之曰太极。圈者，太和一气的体圆及其圆弧形的运动法式。两者合而观之，谓之太极圈。此论乃指太和一气的圆弧形的运动法式而言的。

此歌诀以太极圈为题，提出了退圈、进圈，腰顶，中土不离位，由己、顺从等法式，以及八势修炼的先后顺序。又含蓄地指出了"有形练到无形处，练到无形是真功"的精义。

注解

① 太极圈：
太极圈有两解，一是自己气形合一的法身德体、太和一气的

法身道体之圆融景象；二是指内气的种种圆弧形旋转的景象。这里是指内气的种种圆弧形旋转的景象造成拳势的旋转进退。

②退圈容易进圈难，不离腰顶后与前：

退圈，指内气在体内从前、向上、向后、再向下的阴升阳降倒向旋转法式，这是容易做到的；进圈，是指内气在体内由后、向上、向前、再向下的阳升阴降顺向旋转法式，这是难以做到的。再有左旋右转或右旋左转等，由此而决定拳势的进退，仍然是退易进难。

以攻防技法言，如掤进捋退，捋退法的不丢不顶容易做到；掤进法则易犯顶撞之病，故而不容易做到。

所以说"退圈容易进圈难"。

不管是容易做到的退圈，还是难以做到的进圈，其拳势都离不开"腰顶"功夫中的后顶与前顶。

③所难中土不离位，退易进难仔细研：

由退圈、进圈来完成的拳势进退，最难的是始终做到"中土不离位"。

④此为动功非站定，以身进退并比肩：

此歌诀所论述的太极圈，是指动手较技的攻防功夫，并非指"站桩"的功法修炼内容。自练时，身法的运动要与内气之进退圈相互和谐，谓之由己；较技时，时时处处做到顺人之势、借人之力以胜之，谓之从人。自己的拳势与他人之拳势结合得天衣无缝，才有身法一片的胜人之机势，也就是"以身进退并比肩"。

⑤能如水磨催急缓，云龙风虎象周旋：

能做到自身的拳势随人所动，恰似水磨的旋转，屈伸自如、进退圆转而无圭角，急则急应，缓则缓随。自然要求内气如云龙之变化不定，外形似虎之周旋。即身法如龙之灵变，用力不见力，而山莫能阻；似虎快利，出爪不见爪，而物不能逃。

⑥ 要用天盘从此觅，久而久之出天然：

天盘，此处指掤捋挤按四法。全句歌诀是说：要想运用好天盘手法的掤捋挤按之四法，就要从拳势的进退圈、腰之后与前的腰顶功夫、中土不离位的法则中仔细研究探讨，以正自身；再从顺随法中认真地体认一点子黏走相生、化打合一的攻防技法。能从有形练到无形处，自然能得到应物自然的真攻防功夫。同时又指出了修炼太极拳术，应先修炼掤捋挤按四正手，再修炼採挒肘靠四隅手。

太极进退不已功
（七言九句）

掤进捋退自然明，阴阳水火相既济。①
先知四手得来真，採挒肘靠方可许。②
四隅从此演出来，十三势架永无已。③
所以因之明"长拳"，任君开展与收敛，④
千万不可离太极。⑤

题解

此歌诀的"进退"二字，指出唯道是从地修炼太极拳，则法身道体从无到有，日渐丰满，最终功成艺就；报身凡体从有化无，日渐消退，最终殆尽。此正是古人"驱尽众阴邪，然后立正阳"的修炼模式。"不已功"，论述了修炼太极拳是系列方法，是躬身自厚的系统工程，故而要求修炼者一定要"内功勿间断，外功要实践"。

注解

① 掤进捋退自然明，阴阳水火相既济：

掤进，掤法运用进圈的法式合身而进；即人一挨我，我不动彼丝毫，趁势而入，接定彼劲，彼自跌出。捋退，捋法运用退圈的法式开身而退；即"闪开正中定横中"以胜之。

有关此进退圈的法式，杨谱中有介绍，变通一下语句排列因果顺序，即"由屈伸动静，见入则开，看来则降；遇出则合，就去则升"。

文中的见入则开，是指外形的捋法，配以内劲的看来则降的退圈法式，即内劲从肩到腰的运行，谓之退圈；遇出则合，是指外形的掤法，配以内劲的就去则升的进圈法式，即内劲从腰到肩的运行，谓之进圈。

此处阴阳者，内气外形也；此处水火者，火进水退之谓也。相既济，乃指内气、外形之进退要匹配得当，才能具备"伏机"法式的制胜之机势。

② 先知四手得来真，採挒肘靠方可许：

先要知道掤捋挤按四正手升降开合之机制，一点子黏走相生、化打合一之法式的真诀妙谛，才能继之修炼採挒肘靠四隅手的运用法式。这里清楚地点明了太极拳正隅八法的修炼顺序。

③ 四隅从此演出来，十三势架永无已：

四隅手是在四正手运用纯熟的基础上才陆续演练纯熟。当四正手、四隅手演练纯熟如意（当然亦包含五步的纯熟在内）后，以太极十三势的攻防机理演练三十七式太极拳之架势，求其全体大用的攻防功夫艺境，则永无止期！正如前贤所言："理境原无尽，端由结蚁诚"，"理经三昧方才亮，灵境一片是玻璃"。

④ 所以因之明"长拳"，任君开展与收敛：

以太极十三势的攻防机理演练三十七式太极拳，自然是虚实相间、内外一而贯之的，故而明白其势如长河般无间断的道理在于一气贯串。能做到上手势就是下手的预备势，不另起炉灶。

三十七式太极拳的修炼，大架式外形开展，内劲紧凑；小架式外形紧凑，内劲开展。此乃内外开展与紧凑统一合用的基本法式，知此者为懂拳了。由于懂得了十三势的攻防机理，故而在演练三十七式太极拳的过程中，任凭修炼者的内气外形之开展与收敛，也就不受外形架式约束了。而所演练的拳势，如行云流水，虽平淡无奇，但时时处处无不蕴藏杀机。

⑤ 千万不可离太极：

根据拳诀"化乎一者，始谓之拳"的道理则知道，太极拳是意气运动的功夫，故而，修炼太极拳的人必须遵从"意气君来骨肉臣"的宗旨，才能达到太和一气的艺境。离开了太和一气的运动法式，就非太极拳了。

太极上下名天地
（七言八句）

四手上下分天地，採挒肘靠有由去。①
採天靠地相应求，何愁上下不既济。②
若使挒肘习远离，迷了乾坤遗叹惜。③
此说亦明天地盘，进用挒肘归人字。④

题解

此诀论述了太极拳的体、用之天、地、人三盘的法式。上下明天地，以体言，内气为天才，灵神为人才，外形为地才；以用言，手法为天盘，肘法为人盘，肩法为地盘。拳法中天地定位，是指部位而说的，即如上所论；乾坤定位，是按性质立论的，如内气为天尚乾，外形为地遵坤，乾健坤顺、坤顺乾。修炼太极拳，不明天地乾坤定位的基本法则，则不明修炼、健体、至用的精旨妙谛。

注解

① 四手上下分天地，採挒肘靠有由去：

根据"十八在"歌诀所说的"掤在两臂，挒在掌中，挤在手背，按在腰攻"的天、地、人三盘分工的情况，就能明白掤在两臂指肩之地盘、肘之人盘、手之天盘的劲势分法，即挒、挤法是天盘手法，按法虽是天盘手法，但要有人盘腰的助攻才能实施有效。明白了掤挒挤按的天地盘之分法的内容，也就知道四隅手的採法为天盘之法式，术名曰"採天"；挒法是攻击对方天人盘的手法；肘法是运用人盘法式攻击对方天地盘的技法；而诸靠则是以地盘法式攻击对方地盘的法式，术名曰"靠地"。

② 採天靠地相应求，何愁上下不既济：

比武较技，本是随机用势，又要应物自然，故而其势当採则採，当靠则靠，採天靠地相互根生以为用，这就是内外上下既济的法式。

③ 若使挒肘习远离，迷了乾坤遗叹惜：

挒在展肱，肘在屈使，均是人盘的法式，如果远离了天地人三盘的法式，也就迷失了乾坤天地盘的道理和运用的法式。无法得到拳法、立体方圆攻防的精旨妙谛，自会空留遗憾和叹息，实在是可惜了！

④ 此说亦明天地盘，进用挒肘归人字：

虽然论述了挒肘人盘的攻防法式，也同时说明了手肩天地盘的法式，但挒肘人盘的法式在攻击运用上还是有区别的。挒法是人盘攻彼之地盘的法式，肘法是人盘攻其天地盘的法式。

太极人盘八字功
（七言四句三首）

其一
八卦正隅八字歌，十三之数不几何！①
几何若是无平准，丢了腰顶气叹哦！②
其二
不断要言祇两字，君臣骨肉细琢磨。③
功夫内外均不断，对待数儿岂他错！④
其三
对待于人出自然，由此往复于地天。⑤
但求舍己无深病，上下进退永连绵。⑥

题解

太极人盘，腰为一身上下之人盘，肘为一臂前后之人盘，膝
为腿法之人盘。第一首歌诀论腰顶，第二首歌诀论宾主，第三首歌
诀论舍己从人。三首歌诀之目的是以人盘运用天地盘，才能三盘法
式、攻防之势连绵不断，才能体现出太极拳的长拳短打的妙境。

注解

① 八卦正隅八字歌，十三之数不几何：

所谓的八字歌，就是掤在两臂、捋在掌中、挤在手背、按在
腰攻、採在十指、挒在展肱、肘在屈使、靠在肩胸。再加上进在
云手、退在转肱、顾在三前、盼在七星、定在有隙、中在得横的

五步诀，就是太极拳十三势总决。

② 几何若是无平准，丢了腰顶气叹哦：

虽然太极十三势之数没有多少，但如果没有动变平衡的准星，丢了根枢腰顶功夫，就不能得到太极十三势攻防功夫的妙谛，最终只能落得空叹息。

第一首歌诀，充分说明腰顶功夫的重要性。为了透彻理解腰顶功夫，应与"身形腰顶"歌诀同参。

③ 不断要言祇两字，君臣骨肉细琢磨：

太极拳称为长拳，不管自练还是与人较技，必定要其势如长河般滔滔不绝、源源不断。不断的要诀只有两个字：宾主！正如"太极拳经"所言："宾主分明，中道皇皇。"以自身修炼攻防动变而言，内气为主，外形为宾，才能动静、刚柔、虚实分明，进而达到中和的虚灵妙境；与人较技而言，攻击者为主，防守者为宾。实施顺随为法、静以制动，才能具备反客为主的制胜能力。

④ 功夫内外均不断，对待数儿岂他错：

内气健运不息，外形柔弱无骨，内气外形柔外刚中匹配如一，谓之德之体；就其运用，柔化刚发为基本法则，以柔用刚，一点子黏走相生、化打合一为基本技术方法。故而，内功的修炼勿间断，外功的攻防技法功夫亦要不间断地实践，才能具备拳势滔滔不绝、源源不断之势。以此功夫与他人攻防较技，自然能中正安舒，不偏不倚，接应变换无过无不及，攻防进退尺寸劲势适度得当，岂会产生其他诸种病拳的错误！

⑤ 对待于人出自然，由此往复于地天：

太极推手也好，比武较技也好，遵守的是柔化刚发、以柔用刚的顺随之法，而这种技法，皆出自"坤为吾母乾为父，太和一气贯来衡"的自然法则中，运用的是自身的听探之良知与顺化之良能的相互为用的能力。

出自然，顺随为法养成习惯，自然而然之意也。地天者，就自身而言，内气外形也；就用法而言，天盘手和地盘肩也。

⑥但求舍己无深病，上下进退永连绵：

能做到舍己从人，虽然功夫升华得缓慢，但是不会产生什么大的弊病；内气外形自然能达到滔滔不绝、源源不断的长拳之势，进退自然连绵不断。上下者，内气从天为上，外形从地为下；天盘为上，地盘为下，人盘居中。

合而观之，这三首歌诀是专门论述"盘法"的。在太极拳的攻防技法中，这方面的论述比较少。为说明盘法的攻防价值，引用其他门派有关盘法的论述以明之。录之如下。

盘法的来源

迷拳盘

博弈有一定之盘口，不可或乱，拳家也然。譬如六节迷拳，前后左右，如有一定之盘，平日未尝讲究，临敌必致狐疑。虽曰拳要见境生情，而一定之理，断不可差错。倘盘口不起，奚能论拳乎？今述盘口于下：

披揭，走边盘（中盘亦可）；戏珠，走中盘（大忌钢叉式）；抱蟾，走散盘；展翅，走边盘；闭阴，走中盘（边盘亦可）；压顶，走散盘。

散盘是边盘，中外皆可。所谓审人之形势，以运用也。

盘法的用法

上盘救急，斜步躲影破打俱全，捷径

势到如山来骁勇，斜步躲影挨身拨。

托笋接上斜步拨托横直推，定叫来人就地滚。

左进转身照前用，周围步斜连拨托。

斜步躲影神仙送，妙用破打得其尊。

展开力雄御人众。

中盘救急，缩步挪窝破打俱全，捷径

任他双手到胸前，缩步窝挪身脱卸。

复黏赶进绕面顾。跌得敌人仰朝天。

收回步法复仍旧，暗藏仙影躲忝（音舔）救。

周围顾转连身送，斜步躲影救应同。

神仙破打无间断，见阋（音细）分枪彩喝连。

下盘救急，卖步偏卸破打俱全，捷径

势如奔马下盘冲，急步连身扫叶空。

撮手卸势复黏上，跌得敌人倒栽葱。

急转卖步连扫筆，筆过进步复推胸。

左推转之仍照旧，囵围进扫劈胸拢。

卖步偏卸有神通，破打连珠发无断。

跌得人人滚西东。

连接救急，碾步掀射破打俱全，捷径

任他四边乱拳飞，凶追我便碾步射。

身救便用双推接，跟刺碾步连掀拨。

跌得敌人似蝶飞，收回步法复胸送。

左进转身朝前为，周围碾步连掀拨。

连肩带膀用力规，碾步掀射果雄威。

一破破打无休歇，却怕夹攻乃周围。

张横秋《拳经·拳法备要·二卷》

杨谱：清代杨氏传钞老谱（二）

太极体用解

理为精、气、神之体，精、气、神为身之体。[①]身为心之用，劲力为身之用。心、身有一定之主宰者，理也。[②]精、气、神有一定之主宰者，意诚也。诚者，天道；诚之者，人道。俱不外意念须臾之间。[③]

要知天人同体之理，自得日月流行之气。其气意之流行，精神自隐微乎理矣！夫而后言乃武、乃文、乃圣、乃神，则得矣。[④]若特以武事论之于心身，用之于劲力，仍归于道之本也，故不得独以末技云尔！[⑤]

劲由于筋，力由于骨，如以持物论之，有力能执数百斤，是骨节、皮毛之外操也，故有硬力。[⑥]如以全体之有劲，似不能持几斤，是精气之内壮也。[⑦]虽然，若是功成后犹有妙出于硬力者，修身、体育之道有然也。[⑧]

题解

本文以"太极体用解"为题，系统论述了太极拳术的系列修炼法式：有法身形之体的形拳招熟以为用，法身德之体的气、意拳懂劲以为用，法身道之体的神拳神明以为用。文中着重说明，应该如何正确看待太极拳术修炼及其功成艺就之功果，强调了精气之内壮者功成后犹有胜出于硬力者之妙处。这一论述充分肯定了太极拳术"意气君来骨肉臣"的宗旨。而这一修炼宗旨，乃修身、健体之道的一条正确的路径，内有其唯道是从之必然规律。

注解

① 理为精、气、神之体，精、气、神为身之体：

理，无形的道体及其法则、规矩、规律。故曰：道为精、气、神的体，而精、气、神乃为有形之身的体。此论说明了自身内主外从的攻防机制。

② 身为心之用……理也：

心之用体现在身上，身之用体现在劲力上，但不是体现在劲力的大小上，而是体现在劲力的巧妙用法上。心、身有一定之主宰者，乃无形的法身道体及其法则、规矩、规律也。

③ 精、气、神……须臾之间：

精、气、神的一切活动都有一定之主宰，这个主宰就是自己无形法身道体的意象，谓之意诚。诚者，自然的道体及道的演化之法则、规矩、规律；诚之者，唯道是从者也，乃人应自觉遵从、恪守之人道合一之路程、境界，故而简曰：人道。以太极拳术攻防之道的修炼来论"诚之者，人道"的精义，就是要法分三修，再游历法身形之体的形拳招熟，法身德之体的气、意拳懂劲，法身道之体的神拳神明之三层艺境，最终达到拳道合一神化之功的无上境。

修炼太极拳术，是否能够由始至终真正做到"诚之者，人道"，而达到"诚者，天道"的境界，不外乎修炼者的一念之差。此乃告诫太极拳术攻防之道的修炼者，只有唯道是从，如天道理法而修炼，循序渐进，及时转法，功夫用到自然成功。在修炼过程中不要抱有任何机巧非分之想，因为这些都会使修炼背道而驰，功亏一篑。正如老子所说：以德治国，国之福也；以智治国，国之贼也！

④ 要知天人同体之理，……则得矣：

修炼太极拳术攻防之道者，首先要知道天人合一的天人同一"道"体的理法。正如孙禄堂先生在《拳意述真》中所讲："在天曰道，在物曰理，在人曰性，在拳曰内劲。"天之道体，人之性体，就是万物本源的道体。但是，人要见到自己的法身道体，就要本着《易经》系辞下传所说的"乾，阳物也；坤，阴物也。阴阳合德，刚柔有体。以体天地之撰，以通神明之德"的法则而修炼。

人身中的心，如日照中天的太阳，主外界之光明；小腹太阴之地，似黑暗盈空之满月，主内境之光明。心中一阴精，肾中一阳精，阴阳和合相济，化生太和一气而周身流行。运觉动知功能出于此。

精神者，太和一气尔，自己的法身道体也。其在物则曰精，其在景象则曰气，其在功能乃曰神，此三说者实本一也！太和一气之流行，隐藏着道的微妙玄通之生克制化的条理性，人可以明之以为用。正如慧能大师所云："何期自性，本自清净；何期自性，本不生灭；何期自性，本自具足；何期自性，本无动摇；何期自性，能生万法。"故知太极拳的攻防诸法，皆由法身道体生化而出。

当明白了"健顺和之至，太和一气，道也。万物之通理，名之曰太极"，又修炼到能够实践印证的时候，乃能言说武用精为何意，亦能论说文健体是何宗旨；乃能如法修炼到脱凡入圣的功夫艺境，即能修炼到神拳神明艺境，具备神化之功。功臻此艺境时则得修炼之正果矣！若是，能武用精、文健体，能有形练到无形处、练到无形是真功，能达到神拳神明艺境，具备神化之功，则得文兼武全之才能、拳道合一之真境。这才是"夫而后言乃武、乃文、乃圣、乃神，则得矣"的精义。

⑤若特以武事论之……以末技云尔：

如果以太极拳术攻防之道、比武较技之事来论谈，从有形的形拳招熟层次说，这是心身的事情，运用的是筋劲骨力，达到后天之功，但要以先天之神为体用，才足以向机御变，因变致神。如果探本穷源地看神拳神明的功夫艺境，仍然是自己无形的法身道之体的功能！故而，太极拳术的修炼，不能单独视为微末小技来论说，也不能单独以最后而成的技击能力来论说，而是要以建立道体法身为主要内容、为主导。此乃健身、技击，功德艺境并行不悖之道学也！

⑥ 劲由于筋……故有硬力：

形拳招熟的明劲功夫，劲出于筋，力生于骨。筋劲骨力如果以持物的能力看，有力者能执数百斤，此乃骨节、皮毛之外形功夫操练的结果，故有此硬力。

⑦ 如以全体……精气之内壮也：

如以全身修炼之内劲功夫来看，似不能持得几斤重物，然其乃炼精化气之内壮的真功夫！

⑧ 虽然……体育之道有然也：

太极拳术功成以后的功夫胜于硬力者，这是有其必然的规律及其结果的！这一见解，前贤有论，录之如下："故君子有三变，望之俨然，即之也温，听其言也厉，功用到此，谓文兼武全将相身，更必出处有道焉。"

太极文武解

文者，体也；武者，用也。文功在武用于精、气、神也，为之体育；武功得文体于心身也，为武事。①

夫文武尤有火候之谓，在卷放得其时中，体育之本也。文武使与对待之际，在蓄发当其可者，武事之根也。②故云：武事文为，柔软体操也，精、气、神之筋劲也；武事武用，刚硬武事也，心身之骨力也。③文无武之预备，为之有体无用；武无文之侣伴，为之有用无体。④如独木难支，孤掌不响。不惟体育，武事之功，事事诸如此理也。⑤

文者，内理也；武者，外数也。⑥有外数无文理，必为血气之勇，失于本来面目，欺敌必败尔！⑦有文理无外数，徒思安静之学，未知用于采战，差微则亡耳！⑧

题解

太极拳术的修炼，是非常讲究的文体武用的内外功夫。文体者，内劲也；武用者，攻防招数也。本文强调了太极拳术攻防之道的文武双修，实际上就是内外双修、动静双修、体用双修，贯彻的仍是"意气君来骨肉臣"的练用宗旨。同时，又着重地批判了"尚血气用横力、徒思安静之学"的片面练用方法，这也正体现了"体非无以立其大本，用非无以彻其元功"的论断。

注解

① 文者……为武事：

太极拳术乃文武双修躬身自厚成才之事业，功成艺就时可成就"文兼武全将相身"之才，小可大殿经纶，大可赞誉天地。文者，法身道体也；武者，攻防之功用也。文体功夫在比武较技中用的是精、气、神，为之体育活动；比武较技的文体功夫在于心身，是谓武事活动。

② 夫文武……武事之根也：

太极拳的内有文体成、外具武用精都有一定的功夫火候，表现在卷放得其时中，这是运用身体精心修炼的根本。文体武用施于对待之际，即可以实施蓄势、发放的时候。内气乃武用之根。

③ 故云……心身之骨力也：

所以说，太极拳比武较技的武事乃自身的文体所为，故曰"柔软之体操"，因其运用的是精、气、神之筋劲。如果在比武较技时武用，则是刚硬之武事，运用的是心身之骨力。

此二者，一为"意气君来骨肉臣"的内家拳法论述，一为"尚血气、用横力"的外家拳法的论述。

④ 文无武之预备……有用无体：

太极拳的修炼，只有文体而没有攻防招法的预备，谓之有文体而无武用；有攻防招法的准备而没有文体之主宰，谓之有用无体，即有标无本。此皆为半边空的不完善之拳也。

⑤ 如独木难支……诸如此理也：

凡修炼太极拳有体无用、有用无体者，犹如独木难以支撑，孤掌难以鸣响。不单是体育活动、比武较技的功夫，事事诸如此理。此理即"易有太极，是生两仪"的道理。

⑥ 文者……外数也：

太极拳中的文者，内劲也，道体也，内理也；武者，外数也，攻防招术之变化、距离之远近、外形之疆界、内劲之分寸、拳势之刚柔者也。

⑦ 有外数……欺敌必败尔：

只有攻防招术末技之武用，而没有内劲之文体为本者，必为匹夫血气之勇。因尚血气用横力，必然失去本来听探、顺化故有之运动知觉的面目，再加之欺敌求荣，必遭惨败而受辱。

⑧ 有文理……差微则亡耳：

单纯只有内功修炼内劲之文体为本而没有外在的攻防招术

之末技武用者，乃徒思安静之学，不知道攻防实战的实践也是采集正阳之气驱尽众阴邪而立正阳的有效良方。修炼太极拳术，若"有本体无武用、有武用无本体"，肯定会以失败而告终。

太极懂劲解

自己懂劲，阶及神明，为之文成。①而后采战身之阴中七十有二，无时不然。②阳得其阴，水火既济，乾坤交泰，性命葆真矣！

于人懂劲，视听之际，遇而变化，自得曲诚之妙形，着明于不劳，运动知觉也。③功至此，可为攸往咸宜，无须有心之运用耳！④

题解

此文论述了懂劲之时，就是自己的法身道体建成之日，是为文体成。要达到神明艺境还要坚持内功、外功心法的修炼，即不断地采集真气，战胜阴形的七十二邪气，使正阳之气立定、性坚命固。懂劲后，攻防功夫才是静以制动、运动知觉的真功夫。

注解

① 自己懂劲……为之文成：

何谓懂劲？粘黏连随已成，自得运动知觉。何谓神明？"神以知来，智以藏往"的自动化攻防功夫艺境。功到神明艺境，乃自己无形法身道体圆满无亏的火候，谓之"文体成"。"文体"的名称，源于《易经》乾卦的"乾尚文，坤尚质"的说法。

② 而后采战……无时不然：

修炼之采战者，乃指采集正阳之气，战胜自身阴形中的七十二邪气。无时不然，是指"十二时辰不昧主人翁"的内功自动修炼法。

③于人懂劲……运动知觉也：

与人较技而懂劲，在目视及触觉听探之际，应物自然，不搂人之力地随机用势、曲化直发，达到无心而用的艺境，则不谋而当、不虑而通、无不中的，是谓之曲诚妙形。运用的以逸待劳的法式，是听探之良知、顺化之良能的运动觉知功能。

④功至此……心之运用耳：

攻防功夫艺境到此，可以说是左右逢源，无须有心之运用了。

八五十三势长拳解

自己用功，一势一式，用成之后，合之为"长"；滔滔不断，周而复始，所以名"长拳"也。①万不得有一定之架子，恐日久入于滑拳也，又恐入于硬拳也，绝不可失其绵软。②周身往复，精神、意气之本，用久贯通，无往不至，何坚不摧也！③

与人对待，四手当先，亦自八门五步而来。④站四手，四手碾磨，进退四手，中四手，上下四手，三才四手。⑤由下乘长拳四手起，大开大展，练至紧凑、屈伸自由之功，则升至中上成矣！⑥

题解

此文解释了太极拳为何名曰"长拳"，强调了"意气君来骨肉臣"的练用宗旨，进一步说明了无形的法身道体无坚不摧的功能；同时说明以粘黏连随四法当先，来修炼进退顾盼定五步和掤捋挤按四正手、採挒肘靠四隅手的先后顺序；并说明三层攻防功夫艺境的升华顺序，是先从修炼小成的形拳招熟之拳式的开展大方入手，继而修炼中成的气、意拳懂劲之拳势的圆活紧凑，最终修炼大成的屈伸自如遂心意的艺境。

注解

① 自己用功……名"长拳"也：

自己用功练拳之时，一招一式的起承转合、虚实内外一而贯之，功成之后，整套拳术合而观之为"长"；其势滔滔不绝，周而复始，连绵不断，所以太极拳又名曰"长拳"。

② 万不得有……不可失其绵软：

太极拳术的典型特点，就是以粘黏连随来随机用势，严禁犯顶匾丢抗之四病手，故而在每一拳式的内在规矩不变的基础上，确具有多种用势之法。套路中的同一拳式之外形虽然相同，而劲势运用却有明显的分别。这就是"万不得有一定之架子"的练用精义。

滑拳者，即在自练或攻防中，拳式打得精熟滑快而劲别却不能自明的拳法，是没有攻防价值的拳。如以此法用功练拳，恐怕日久会落入毫无攻防作用的滑拳法里面去。如果运用血气之横力练用，又恐怕进入尚力硬拳法里面去。故而，修炼太极拳术绝不可失之柔外刚中的法式。真正的拳法则是"视思明心动神，流也；听思聪脑动肾，滑也"之流滑，即练至浑化寂感遂通、知彼知己方能百战不殆之拳法。

③ 周身往复……何坚不摧也：

太极拳周身往复回旋的运动在于精神，这是意气周身运行的根本。如此用功日久，自然无往不至其极，即达四梢，无坚不摧。

④ 与人对待，四手当先，亦自八门五步而来：

与人对待时，粘黏连随四字当先。此四字的功夫，亦是从掤捋挤按、採挒肘靠八门劲别与进退顾盼定五步法式中得来。此"手"字，是以粘黏连随四字为手法而言的，并非指掤捋挤按四手而言，否则，就不会有"亦自八门五步而来"的说法了。

⑤ 站四手……三才四手：

站四手，就是掤捋挤按四种手法，这从"站椿法"歌诀中的"掤捋挤按自四手，需费工夫得其真"句可以知道。四手碾磨和进退四手，就是掤、挤、按之进及捋退的四手的周而复始的运用。这从"太极圈"歌诀中"能如水磨催急换，云龙风虎象周旋"和"太极进退不已功""掤进捋退自然理，阴阳水火相既济"句中可以看得出来。中四手，就是掤捋挤按四正手。上下四手，有两解：一是掤捋挤按为上四手、前四手、正四手，採挒肘靠为下四手、后四手、隅四手；二是上为天、下为地的採天靠地的分天地盘四手，这有"太极上下名天地"歌诀中的"四手上下分天地，採挒肘靠有由去。採天靠地相应求，何愁上下不既济"句为证。三才四手，亦名三盘四手，就是以粘黏连随的方法运用採挒肘靠四隅手，这有"太极上下名天地"歌诀中的"採天靠地相应求，何愁上下不既济……此说亦明天地盘，进用肘挒归人字"句为证。

此段论述的核心，是说明如何运用粘黏连随四法，以及在进退顾盼定五步的法式中更好地发挥掤捋挤按四正手和採挒肘靠四隅手的威力。

⑥ 由下乘长拳……至中上成矣：

下乘长拳，就是小成功夫的形拳招熟。四手，就是掤捋挤按四正手和採挒肘靠四隅手的简约说法。

太极拳术先由修炼掤捋挤按四正手的运用方法开始，继而才是採挒肘靠四隅手的修炼。在具体的拳势上，要求明劲法式要打得大开大合，拳式开展方正，达到初练时抻筋拔骨的效果。正如前贤所言："明劲：练之总以规矩不可易，身体动转要和顺而不可乖戾，手足起落要整齐而不可散乱。拳经云：方者以正其中，即此意也。"继而再修炼暗劲法式，要打得圆活紧凑，筋舒劲畅，开合屈身自如，拳式圆融灵动，达到中成的懂劲的目的。正如前贤所说的："暗劲：练之神气要舒展而不可拘，运用圆通活泼而不可滞。拳经云：圆者以应其外，即此意也。"最终修炼上乘的化劲法式，化劲要打得周身动转不着力，神意贯通。正如前贤所说的："化劲：练之周身四肢动转，起落进退皆不可着力，专以神意运之。虽是神意运用，惟形式规矩仍如前二者不可改移。虽然周身动转不着力，亦不能全不着力，总在神意之贯通耳。拳经云：三回九转是一式，亦即此意义也。"

太极阴阳①颠倒解

阳：乾、天、日、火、离、放、出、发、对、开、臣、肉、用、器、身、武、立命、方、呼、上、进、隅。

阴：坤、地、月、水、坎、卷、入、蓄、待、合、君、骨、体、理、心、文、尽性、圆、吸、下、退、正。

盖颠倒之理，"水火"二字详之，则可明。如：火性炎上、水润下者，若能使火在下而用水在上，则为颠倒。②然非有法治之则不得矣！③

譬如：水入鼎内，而置火之上，鼎中之水得火以燃之，不但水不能下润，藉火气，水必有温时。火虽炎上，得鼎以隔之，是为有极之地，不使炎上之火无止息；亦不使润下之水永渗漏。此所谓水火既济之理也，颠倒之理也。④

若使任其火炎上、水润下，必至水火分为二，则水火未济也。

故云：分而为二、合而为一之理也。故云：一而二、二而一，总斯理为三，天、地、人也。⑤

明此阴阳颠倒之理，则可与言道；知道不可须臾离，则可与言人；能以人弘道，知道不远人，则可与言天地同体。上天，下地，人在其中矣！⑥

苟能参天察地，与天地合其德，与日月合其明，与五岳、四渎华朽，与四时之错行，与草木并枯荣，明鬼神之吉凶，知人事之兴衰，则可言乾坤为一大天地、人身为一小天地也。⑦

夫如人之身心，致知格物于天地之知能，则可言人之良知、良能。若思不失固有，其功用浩然正气，直养无害，攸久无疆矣！⑧

所谓人身生成一小天地者：天也，性也；地也，命也；人也，虚灵也；神也，若不明之者，乌能配天地为三乎？⑨然非尽性立命、穷神达化之功，胡为乎来哉！⑩

题解

此文论述了太极拳术艺境进阶的内容，强调了太极拳术的练用关键就是获得运动知觉的功能，又充分说明了内功的修炼才是根本法式。只有太和一气，才能更好地培养运动知觉功能；只有运动知觉功能达到自化的程度，才能真切地体会到天人合一之理法的价值、尽性立命的精义，才能清楚知道太极拳术之所以具备神化之功的本末缘由。此文的价值在兹，正所谓修炼无他，只在中间颠倒颠，返本归原即见真。

注解

① 阴阳：

这两段的内容说明了各个字意的阴阳属性。如果全面考虑，应当加上气、形二字。

② 盖颠倒之理……则为颠倒：

这段文字以水潜下以升腾、火炎上以潜下才能水火既济以为用，来说明顺则生人、逆成仙的颠倒颠的道理。此乃从老子"道生天，天生地，天地生人；人法地，地法天，天法道，道法自然"的顺生逆修的理法脱化而来。

③ 然非有法治之则不得矣：

此处指内功修炼若能做到气沉丹田，则能火潜下而水升腾于上。

④ 此所谓……颠倒之理也：

气沉丹田的法式，就是修炼家所说的水火既济之理法，亦是颠倒颠之一法。

⑤ 故云……天、地、人也：

一身者，分而为二，内气、外形也。内气者，健之体；外形者，顺之体。健顺和之至，道也，太极也，一也，合而为一之理法。阴阳相冲则为三，三生万物。总论其理法，就是《易经》中的天、地、人。在人身中内气为天，轻灵主动；外形为地，松沉主静；灵神为人，具轻灵松沉而主动静。

⑥ 明此阴阳……人在其中矣：

明白阴阳颠倒之理法者，知"道"不可须臾离也，方可与之谈论太极拳术攻防之道。能以人的生化机理来弘扬道学，乃知"道不远人"，方可与其谈论与天地同体的修炼内容。有关与天地同体的内容，正如孙禄堂先生所云："惟身体如同九重天，内外如一，玲珑剔透，无有杂气搀入其中，心一思念，纯是天理，身一动作，皆是天道。故能不勉而中，不思而得，从容中道，此圣人所以与太虚同体，与天地并立也。拳术之理，亦所以与圣道合而为一者也。"上天，下地，人在天地之中，三者乃同一阴阳者也，故能天人合一。

应持何观念修炼，前贤亦有论述，毕坤《浑元剑经》曰："试由天而地，以近索乎人。人为万物之灵，其即仰观天以执行，俯察地以建极，居覆载之中，首出庶物者也。仰人何谓乎先？涵养之以静以蕴其继，灵妙之以动以畅其用。体非无以立其大本，用非无以彻其元功。离之中坤其静基也，《易》之卑法地者此也。然静则功力绵绵不息，其体至柔至刚。非柔则原委难于无间；非柔中刚，未免有作辍之时。柔者静之体，刚者则又柔之体也。坎之中乾其动机也，《易》之崇效天者此也。非无则空灵犹恐障蔽；非无中生有，奚以见变应之奇？"

⑦ 苟能参天察地……为一小天地也：

果能"仰观天以执行，俯察地以建极，涵养之以静以蕴其继，灵妙之以动以畅其用"的人。就能够：

"与天地合其德"：一阴一阳之为道，一阴一阳之为拳。《系辞下传·第六章》曰："乾，阳物也；坤，阴物也。阴阳合德，而刚柔有体，以体天地之撰，以通神明之德。"德者，性情功效。性情者，其所自据之德。功效者，见德于物也。自然界一大天地，一大乾坤；人身一小天地，一小乾坤。乾阳，天德；坤阴，地德。人要修炼传统拳术攻防之道首要效法天地，使自身内外乾坤定位与天地之德相吻合，即建"德之体"，方有此"德之体"的"道之用"。

人身中最大的乾阳之体为内气，乃纯粹之精，具阳刚之性，因其健运不息，故称为"健"，又名"乾之体""内劲"。内气健运不息，通行无阻，祥和有益。其德如下：

《彖》曰："大哉乾元，万物资始，乃统天。云行雨施，品物流形。大明始终，六位时成，时承六龙以御天。乾道变化，各正性命，保合太和，乃利贞。"

内气从天德，具健运不息、阳刚之性、为君之道。此谓与天道合其德，即具备了天德之性体，是名"健"，乃阳物也。

人身最大的坤阴之体为外形也，其镇静厚载，其阴柔之质、顺从之德，故又称为"顺"，坤顺乾之意也。"坤"也具备"元亨利贞"四德。只在顺承天、执着于正道时，亦即大地依顺着天、资生万物的情况下，才会有利。其德如下：

《彖》曰："至哉坤元，万物资生，乃顺承天。坤厚载物，德合无疆。含弘光大，品物咸亨。牝马地类，行地无疆，柔顺利贞。"

故外形从地德，性柔静顺从，为臣之道。外功法抻筋拔骨，内功法柔弱无骨，内外修炼而得之者，唯顺从内气而不妄动，此谓之与地道合其德，即具备了地德之性体，是名"顺"，乃阴物也。

阴阳合德，刚柔有体。此"健顺"阴阳的刚柔还要匹配合其德，方可致用。如何匹配呢？天右转，地左转，则万物生。大地虽逆天体而转动，但仍然依顺天道的法则而变化。故人体的内气、外形"柔外刚中"匹配如一，正是与天地合其德的"健顺之性的德之体"。此"健顺之性的德之体"立矣，但要阴阳逆从、劲形反蓄、柔化刚发、以柔用刚，方可致攻防之致用。此"健顺"，即"阴形、阳气异撰，而其氤氲于自身太虚之体中，合同而不相悖害，浑沦无间，和之至矣。其阴阳两端循环不已者，立天地之大义"。明此，则自身的内气、外形之"健顺"与自然界天地之"健顺"相吻合，此正所谓"天人合一"。

"与日月合其明"：前言天人合一的健顺之性的德之体已立，但尚未明，故此言与日月合其明。此句言："大学之道，在明明德。"即修炼太极拳术的关键在哪里？答案很简单：在明明德，"在健之德体明，在顺之德体明"。健顺之德体齐明，就是与天地合其明的修炼之精义，就是运觉动知之"大明"的境界。如何修呢？

人本心物一元，乃大地造化之灵物，古有"人为万物之灵"的美誉。而这万物之灵的人，能得天地万物造化，而又能保持天地、人、万物之间的平衡，谓之灵明。人人皆有此妙明之心，故人人可以修炼太极拳术。

故前贤云："人为万物之灵，而心又为五官百骸之灵。"心为一身之主宰，心本妙明。然若蒙尘，则迷失本性，失明于此。欲复心之妙明，先识性之德体，即内养功法的"气随心到，心逐气穿，心能普照"，此为心之内明；触而前知，乃外明。而只有内外齐明，方能称为"心之妙明"。内明者知己，外明者知彼。此即"与日月合其明"的精义——心虚合道，自然能妙明。

古人云：日月相推而明生，通乎昼夜之道也。月为阴精，反乎阳者也；日为阳精，然其质本阴。日月必以形相物。然人身中健者为阳，顺者为阴，亦可直言健的功效为日，顺的功效为月，健顺合德为明。此乃"明明德"之一义。然必明下面所论之理，方能明白上面论述之内容。否则，不明矣！

心欲明，先明日月之所指。心上附于头。头上有眼可视、耳可听、鼻可嗅、舌可知味、口可言说以沟通心迹。头如日中天，可探明外边事物，是名"昭明"，返于心中，是为"日明"。然一身触觉，知冷热轻沉，乃为"月明"。然月不生光明，不能独明，必借助日光使明。人身小腹，至阴之处，本无明。必"气下于海，光聚天心"，神气伏于此，则灵光生，能使月明，即触觉光明，是为"内明"。一身内外光明，是名"觉明"，此觉明者即本心妙明的觉知之明。较技时，灵明者，审视有先之明，知其未发之招，悉其将发之意；一触便知其虚实、动静、刚柔之所以，便可顺从以为进退，柔乘他力后，四两拨千斤；逆力以为揭献，刚发他力前，借力打人。内养外练而得之者，可谓"与天地合其德"，又能"与日月合其明"，当然自与四时合其序，动静有致了。练功至此境界者，可知"心本妙明"。然听探之良知，本是人人与生俱来，而"觉明"则不运不知、不动不明、不运动不觉，唯运则觉始明。这就是传统拳术攻防之道中内养外练、内外双修、动静双修的"明明德"之内容，就是"与日月合其明"的养练过程的始终，亦是"弄壶中之日月"的内外修炼法。

"与五岳、四渎华朽，与四时之错行，与草木并枯荣"：五岳，东岳泰山、西岳华山、南岳衡山、北岳恒山、中岳嵩山，是我国历史上的五大名山。渎，水渠。四渎，泛指江河湖海之水。此乃指与山水共兴衰的意思。又可与春夏秋冬四时之温热凉寒、升降涨渺交互运行而无误，自然与草木的荣枯盛衰相一致了。

"明鬼神之吉凶，知人事之兴衰"：凡健顺之性，和合至德盛，谓之"太和之气"。凡太和之气，清则通，昏则庸。清极则神，昏昧为鬼。修炼传统拳术，有高明远大、庸沓鄙陋之殊。高明远大者神，庸沓鄙陋者鬼。不为形碍，则有形者昭明宁静以听心之用而清极者神；自为形碍，则有形者昏昧妄为唯欲所用而形敝力阻者鬼。

健顺者，二气也。散殊而可象者为气，清通而不可象为神。太和之中，有气有神，神者非他，二气清通之理也，即"阴阳不测之谓神"。不测者，乘时因变也。不可象也，即在象中。阴与阳合，健与顺合，健顺合于一之象，是名"气"。气与神合，是谓"太和"。而其体名"敦化一气"；至其用，"流行一气"；言其体，名"敦化太极"；论其用，名"流行太极"；而说其体用之混名则为"太极一气"。

鬼神者，二气之良能也，阴阳之良能也，内气、外形之良能也；又德者，健顺之体的良能也。阴阳相感，聚而生人物者为神，乃生之制者之神也。合于人物之身，用久则神随形敝，敝而不足以存，复散而合于氤氲者为鬼。此乃神鬼之本论。

神（气）自幽而之明，成乎人之能，而固与天地通；鬼（形）自明而返乎幽，然历乎人之能，故而与地相通。神鬼之功效，抑可与人相感。就其一幽一明者言之，则神阳也，鬼阴也。就其所用而论之，神者阳伸而阴亦随之，鬼者阴屈而阳亦屈，故伸屈皆为二气（气形）之良能也。良能者，无心之感合，成其往来之妙者也。凡阴阳之分，不可执一而言者。鬼神之实，不越二端而已矣。静以成形，鬼之属也。而可以迎神而来，屈伸因乎时，而尽健顺之性以存神，神存则威生，则天命立于我，能与鬼神合其吉凶矣。然于传统拳术论述，又取神吉鬼凶而用之，即攻防之道本"打拳原为保身之计"，是"趋吉避凶之事"，故于传统拳术存在吉吉、凶凶之凡圣的区别，福福、祸祸之功果的不同。下面以神吉鬼凶之观点，分别详细论之，以明"与鬼神合其吉凶"的论述。

神者，即修炼之始终，"以神为主，以气为充，形从而利。"执此而修必能"与天地合其德，与日月合其明，与四时合其序"，健德之体，而其道之用，必能以静用动，动中亦静，动静互为其根，悉出于无心，本先天自然之神。自能动急则急应，动缓则缓随，不先不后恰当恰好。自然能顺其势，借其力，不丢不顶，不匾不抗，刚柔相济，阴阳迭神其用，以柔用刚，黏走相生，柔化刚发，化打合一，因时致变，因力制人，立体发用之妙，无形无迹，人不知我，我独知人。此乃神者之技，自能制胜，故吉。

鬼者，即修炼之始终，以形为制，尚气用力，神从则害。执此而修不能"与天地合其德，与日月合其明，与四时合其序"，故非"健顺之性的德之体"。就其所用，报身为体，动静不清，刚柔不明，虚实不分，皆贪欲之心妄动。与人较技，不知势之所然，仅凭筋努骨突，尚气用力，猥知鲁莽，用心使强，施招用手，"顶匾丢抗"四病缠身，急攻快打耗精劳神，伸手抬脚不合章法，肩肘脚胯膝不见规矩，攻防转化不知快慢节奏，起落不明轻沉变通要领，出手用招不知拍定之位，一派僵蛮硬横，貌似强勇，实乃中干，不堪一击。此乃鬼者打法，乃自制其败，故凶。

神者之技，尚意不尚力，顺生机之自然，去其害生机者。故功艺大成，乃"文兼武全将相身"，健身、技击之功德艺境集一身。鬼者打法，尚力不知意，悖生机之自然，徒添害生机之病，故功艺无有大成之时，乃"不文不武病缠身"。此两种修法，一吉一凶，福祸立判。

故神者之技，遇神有制神的用法，遇鬼有打鬼的方法，全在因时致变，因力制人，无不具有神奇功效。鬼者之打法，遇神遇鬼皆同一蛮力打法，则遇神技之时，不知如何被制，遇鬼之打法时，二者蛮打乱拼，胜负不可预测。

人事者，得道者多助，则兴盛；失道者寡助，则衰亡。

明白了上述的道理、修炼的法则，则可以言说乾坤为一大天地、人身为一小天地的内容了。

⑧夫如人之身心……攸久无疆矣：

人之身心化为太和一气，与天地万物同一阴阳，同一性也，以此体察万物之演化的方法、准则、规矩、规律，则理无疆域，自然可触类旁通，事事物物洞明而无知障，此乃人之听探的良知功能，即"夫如人之身心，致知格物于天地之知能"。

如果修炼者不失去与生俱来的良知良能及其相互为用的本来功能，运用内功心法修炼成浩然正气，自然健身、技击，功德艺境并行不悖，成为一个修炼家，即"若思不失固有，其功用浩然正气，直养无害，攸久无疆矣"。

⑨ 所谓人身……配天地为三乎：

平常所说的人身一小天地者，就是说：天者，性也、气也；地者，命也、形也；人者，虚灵也、神也。神，一气灵明不昧之谓也。假如一个人的灵神昧而不明，又怎么能配自身的内气、外形而为三者？又如何能知道自身为一小天地的道理？

⑩ 然非尽性……胡为乎来哉：

修炼内外功法达到明心见性的境界，即与天地同体同德之候，是为尽性；能尽性则性坚，性坚则命有所立而固；命固，是为立命。此乃太极拳术的健身机理，如未修炼达到神化之功的境界，又怎么能知道它是如此颠倒颠修炼而得来的呢？

人身太极解

人之周身，心为一身之主宰。主宰，"太极"也。[①]二目为日月，即"两仪"也。头象天，足象地，人中之人即中脘，合之为"三才"也。四肢"四象"也。

肾水、心火、肝木、肺金、脾土，皆属阴；膀胱水、小肠火、胆木、大肠金、胃土，皆阳也，兹为内五行也。颅丁火，地阁承浆水，左耳木，右耳金，两命门土也，兹为外五行也。[②]

神出于心，目眼为心之苗。精出于肾，脑肾为精之本。气出于肺，胆气为肺之原。视思明心动神，流也。听思聪脑动肾，滑也。[③]

鼻之息香臭，口之呼吸出入。水咸、木酸、土苦、金甜，及言语声音，木亮、火焦、土塎、金润、水漂。鼻息、口呼吸之味，皆气之往来肺之门户。肝胆巽震之风雷，发之声音，出入五味。此言口、目、鼻、舌、神、意，使之六合，以破六欲也，此内六合也。手、足、肘、膝、肩、胯，亦使之六合，以正六道也，此外六合也。④

眼、耳、鼻、口、大小便、肚脐，外七窍也。喜、怒、忧、思、悲、恐、惊，内七情也。七情皆以心为主，喜心、怒肝、忧脾、悲肺、恐肾、惊胆、思小肠、怕膀胱、愁胃、虑大肠，此内也。⑤

夫离：南正、午、火、心经；坎：北正、子、水、肾经；震：东正、卯、木、肝经；兑：西正、酉、金、肺经；乾：西北隅、金、大肠化水；坤：西南隅、土、脾化土；巽：东南隅、胆木化土；艮：东北隅，胃土化火。此内八卦也。外八卦者，二、四为肩，六、八为足，上九、下一，左三、右七也。坎一、坤二、震三、巽四、中五、乾六、兑七、艮八、离九，此九宫也。内九宫亦如此。⑥

表里者：乙肝，左肋，化金通肺；甲胆，化土通脾；丁心，化木中胆，通肝；丙小肠，化水通肾；己脾，化土通胃；戊胃，化火通心；辛肺，右肋，化水通肾；庚大肠，化金通肺；癸肾，下部，化火通心；壬膀胱，化木通肝。后背前胸，山泽通气。此十天干之内外也。十二地支亦如此之内外也。⑦

明斯理，则可与言修身之道矣。⑧

题解

"自然界一大天地，一大太极也；自身内一小天地，一小太极也。"天人合一者，身内天地人三才浑化合一者也。本文运用传统的太极阴阳五行学说、八卦九宫学说，结合天干、地支学说的内容，系统地阐发了人身五脏（心、肝、脾、肺、肾）、六腑

（胆、小肠、胃、大肠、膀胱、三焦）、五官（眼、耳、鼻、舌、唇）、七窍等生化机理，并论述了七情（喜、怒、忧、思、悲、恐、惊）、六欲（风、寒、湿、燥、火、热）等内外因素对人身生化机理施加的种种影响及应对措施。

注解

① 人之周身……"太极"也：

人的一身内外，心为一身之主宰。主宰者，"太极"也。

从修炼无形的法身道体角度立论，太极者，健顺和之至，太和一气也；内气、外形，两仪也；内气象天、外形象地、灵神从人，合之为"三才"。内气外形刚中柔外匹配如一，阴阳逆从，劲形反蓄，动静变化，乃"四象"机理的机制。

从有形的身体生理角度讲，心脏器官为一身之主宰。二目为日月，即"两仪"也。头象天，足象地，人中之人即中脘，合之为"三才"也。四肢即"四象"。

② 肾水心火……兹为外五行也：

肾生水、主骨，心生火、主血脉，肝生木、主筋，肺生金、主皮毛，脾化土、主肉，皆属藏而不走的阴敛之性情，故曰为脏；膀胱水腑、小肠火腑、胆木腑、大肠金腑、胃土腑，腑者皆属于走而不藏的阳动之象，故名为腑，还有三焦之一腑，共六腑。五脏六腑，皆为内五行。以修炼家言之，五行本一气，即肾、肝、心、土、肺，五行一气而生成。

额头属阴丁火；地阁、承浆穴主肾水；肝气用左，故左耳属木；肺气肃降，故右耳属金；两命门（鼻准）属土。以上皆为外五官。骨、筋、血脉、肉、皮毛，皆为外五行，五行本一形耳。修炼时意在五官，则五官管理外五行。如思骨质坚硬，意在耳则骨自硬。余类推可知。

前贤对此有过明确的论述，录之如下。

五行之气，内合五脏，各有所主。肝合木，主筋；心合火，主血脉；脾合土，主肉；肺合金，主皮毛；肾合水，主骨。

五脏所通之窍：目为肝之窍，耳为肾之窍，口为脾之窍，鼻为肺之窍，舌为心之窍，其精华注于目。

五脏五色分面部为五岳：额颅为南岳，色赤；地阁为北岳，色黑；左颧为东岳，色青；右颧为西岳，色白；鼻准为中岳，色黄。

又眉侧生属肝木，鼻通清气属肺金，眼聚精华属肾水，舌司声音、发自丹田属心火，唇司容纳属脾土，耳司灵性属肾水。

肾属水脏而主骨，水能生木；肝属木脏而主筋，筋附于骨，乃生肝而长筋；木能生火，心主血脉而属火，乃生心而生血脉；火能生土，脾属土脏而生肌肉，乃生脾而长肌肉；土能生金，肺属金脏而主皮毛，乃生肺而长皮毛；金能生水，肾属水脏而主骨。五脏依次而生，六腑依次而长，是形之成也，因真乙之气妙合而成，形乃气之聚也，曲成百骸毕俱而寓"一而二、二而一"，一二固不可须臾离也。练形以合外，练气以实内，二者合一，其坚硬如铁，自成金刚不坏之体，则超凡入圣，上乘可登也。（《易筋经·贯气诀》）

③ 神出于心……滑也：

心藏神，心为一身之主宰。神为心之主宰，故曰神出于心，目眼为心之苗。精出于肾，脑肾为精之本。气出于肺，胆气为肺之原。目视而思虑自知谓之明，乃心动神的结果，这个过程名曰"流"。耳听则思虑知人谓之聪，乃脑动肾的结果，这个过程名曰

"滑"。流滑者，具备知己之明、知人之聪，故而比武较技时"知彼知己，百战不殆"。精神动物者，此也；修炼之内容，亦此也。

④ 此言口……此外六合也：

上面所言的"视思明心动神，流也。听思聪脑动肾，滑也"，就是指口、目、鼻、舌、神、意，使之六者合一而用以破解六欲的侵蚀，此是内六合。手与足合，肘与膝合，肩与胯合，亦以正六合一体之形，此外六合也。

⑤ 眼、耳、鼻……此内也：

眼、耳、鼻、口、大小便、肚脐，是外七窍。喜、怒、忧、思、悲、恐、惊，是内七情。七情皆以心为主，过喜则伤心、大怒则伤肝、至忧则伤脾、太悲则伤肺、甚恐则伤肾、担惊则伤胆、苦思则伤小肠、害怕则伤膀胱、发愁则伤胃、谋虑则伤大肠，此七情之过的内伤。故应遵从"淡薄以明志，宁静而致远"的心态，则内心自然清净平和，此乃不练而修之法式。

⑥ 坎一……内九宫亦如此：

离卦属火，表示正南方位，时间是中午 11 点至下午 1 点的午时，在身为心经；坎卦属水，正北方位，时间是子夜 11 点至凌晨 1 点的子时，在身为肾经；震卦属木，正东方位，时间是早晨 5 点至 7 点的卯时，在身为肝经；兑卦属金，正西方位，时间是傍晚 5 点至 7 点的酉时，在身为肺经。乾卦属金，西北隅方位，在身为大肠经部位，司职化水；坤卦属土，西南隅方位，在身为脾经部位，司职化土；巽卦属木，东南隅方位，在身属胆经部位，司职化土；艮卦属土，东北隅方位，在身属胃土，司职化火。此内八卦也。

外八卦者，二、四为肩，六、八为足，上九、下一，左三、右七也，可看"洛书图"。坎一、坤二、震三、巽四、中五、乾六、兑七、艮八、离九，此九宫也，可参考"八卦九宫图"。

四	九	二
三	五	七
八	一	六

洛书图

乾六	坎一	艮八
兑七	中五	震三
坤二	离九	巽四

八卦九宫图

⑦ 此十天干……如此之内外也：

天干者，甲、乙、丙、丁、戊、己、庚、辛、壬、癸；五行者，木、火、土、金、水。其与五脏六腑之肝、胆，心、小肠，脾、胃，肺、大肠，肾、膀胱相匹配的生化机制如下：甲阳木胆、乙阴木肝，丙阳火小肠、丁阴火心，戊阳土胃、己阴土脾，庚阳金大肠、辛阴金肺，壬阳水膀胱、癸阴水肾。

人身脏腑气化表里传导的生化机制：乙肝，用事在左肋，化金通肺；甲胆，化土通脾；丁心，化木通胆，通肝；丙小肠，化水通肾；己脾，化土通胃；戊胃，化火通心；辛肺，右肋，化水通肾；庚大肠，化金通肺；癸肾，下部，化火通心；壬膀胱，化木通肝；后背为山、前胸腑为河泽，一气贯串，犹如自然界的山泽通气。此十天干之内外也。十二地支亦如此。

⑧ 明斯理……修身之道矣：

明白了上述道理，方可与其言说修炼功德艺境并行不悖之齐身的道、术之内容。

太极分文武三成解

盖言（拳）道者，非自修身无由得成也。①然又分为三乘之修法。乘者，成也。上乘，即大成也；下乘，即小成也；中乘，即诚之者也。法分三修，成功一也。②

文修于内，武修于外。体育内也，武事外也。③其修法内外、表里成功集大成，即上乘也。④由体育之文而得武事之武，或由武事之武而得体育之文，即中成也。⑤然独知体育之文，不知武事而成者；或专武事，不为体育而成者，即小成也。⑥

题解

本文着重说明了太极拳术法分三修、游历三境，最终达到无形无象的无极艺境。明白此论中的精义，修炼过程中自己心中有个准的，可以免入歧途。

注解

① 盖言（拳）道者，非自修身无由得成也：

修炼太极拳术者，非得发挥自己的主观能动性来修炼自身不可，否则是没有理由成功的。

② 然又分为……成功一也：

然而，太极拳术又有三成修炼方法，一是健体的三成修炼方法，二是致用的三成艺境修炼方法，这就是"法分三修，成功一也"。

健体的三成修法：内功修炼建立健之体，谓之大成之修法，因为天大；外功修炼建立顺之体，谓之下（小）成修法，因为地小而又在下；内外功修炼建立健顺德之体，谓之中成修法，因为上天下地，人在其中。只因不能唯道是从，故而谓之"诚之者"。

攻防致用的三成修法：法身形之体的形拳招熟之修，谓之小成；法身德之体的气、意拳懂劲之修，谓之中成；法身道之体的神拳神明之修，谓之大成。达到无形无象的无极艺境，具备神化之功，是为拳道合一的无上境，谓之"成功一也"。

③ 文修于内……武事外也：

健之体的建立，在于内功修炼；攻防的武事技能，在于外修的实践。正如前贤所云："人为万物之灵，其即仰观天以执行，俯察地以建极，居天覆地载之中，首出庶物者也。仰人何谓乎先？涵养之以静以蕴其继，灵妙之以动以畅其用。体非无以立其大本，用非无以彻其元功。"

运用自身培育自己的健之体、顺之体、健顺德之体，皆名之为文体，是内在的主要之根本。攻防技法能力的培养、获得，皆为与人喂手、盘较的外事活动而成之，故曰"外事末技也"。

④ 其修法内外……即上乘也：

其修炼方法虽分为内修健体之法，外修致用之法，但只要修炼到全体透空的太极艺境，即"毛发松弹守三阳"的艺境，具备"浑身无处不太极，挨着何处何处发"的攻防能力，就是表里成功集大成的人了。

⑤ 由体育之文……即中成也：

凡由内外功法建立法身德之体而又求得比武较技之功能的人，或由攻防招法的修炼而获得法身德之体的人，就是中成功夫的人。

⑥ 然独知体育之文……即小成也：

然而，独知内功健体修炼而不知用于攻防武事的人，或专习攻防招法而不建立法身德之体的人，都算是小成的修炼者。

太极下乘武事解

太极之武事，外操柔软，内含坚刚。①而求柔软之于外，久而久之，自得内之坚刚。非有心之坚刚，有心之柔软也。②

　　所难者，内要含蓄坚刚而不施，外终柔软而迎敌，以柔软而应坚刚，使坚刚尽化无有矣。③

　　其功何以得乎，要非粘黏连随已成，自得运动知觉，方为懂劲，而后神而明之，化境极矣。④

　　夫四两拨千斤之妙，功不及化境，将何以能是所谓懂沾粘连随，得其视听轻灵之巧耳。⑤

题解

　　此篇论述了太极拳术修炼的基本法则：要从法身形之体的形拳招熟、小成攻防功夫艺境开始，修炼攻防成手功夫；并以粘黏连随为法施招用手、施手用招，直至中成的懂劲艺境；懂劲后可阶及大成的神明艺境；最终修炼到具备神化之功，得其视听轻灵之巧妙真功夫。

注解

　　① 太极之武事……内含坚刚：

　　太极拳术修炼起来，从外表上观看，就好像是柔软的体操运动，实质上，内里含蓄着无坚不摧的阳刚内劲。

　　② 而求柔软之于外……有心之柔软也：

　　太极拳套路的反复修炼，都是在气沉丹田的条件下，先求得柔弱无骨的外形、柔软有序的运动能力，久而久之，自然能自觉地生成、培养、得到坚刚的内劲以为用。故而，太极拳套路的修炼，不是有心而能求得坚刚的内劲，而是用心在外形的柔软上，坚刚的内劲会自然生成。

　　③ 所难者……尽化无有矣：

　　修炼太极拳术的困难所在，是修炼时的柔外刚中、法身德体的外形，要极柔软地运动，要含着内劲之坚刚而不外露；与人比武较技时，运用极柔软的外形，应接对手坚刚的拳势，以为进退，使对手坚刚的拳势化为没有任何攻击的效果。

④ 其功何以得乎……化境极矣：

这样的功又是如何获得的呢？就是始终坚持实施粘黏连随的法式，自然得到运动知觉的功能，这时方谓之懂劲。继续如此修炼，而后自然神而明之，就可达到神化的无上极境了。

⑤ 夫四两拨千斤……轻灵之巧耳：

就顺从以为进退的四两拨千斤、逆力以为揭献的借力打人之功夫而言，皆不及神化之功夫的艺境境界高妙。这三种功夫艺境的区别，分析其根本原因，虽然都是粘黏连随法的懂劲后的功夫，然四两拨千斤、借力打人之功夫，尚有劲的形，而神化之功却是无形无象的无极无上境，全在于听探、顺化的轻灵巧妙。正如前贤所言"来无影，去无踪，一阵清风疏忽"。

杨谱：清代杨氏传钞老谱（二）

太极正功解

太极者圆也，无论内外、上下、左右，不离此圆也。太极者方也，无论内外、上下、左右，不离此方也。①

圆之出入，方之进退，随方就圆之往来也。方为开展，圆为紧凑。方圆规矩之至，其孰能出此以外哉！②

如此得心应手，仰高钻坚，神乎其神，见隐显微，明而且明，生生不已，欲罢不能矣！③

题解

太极正功解，简单地说，就是太极拳术攻防之道的正确修炼、致用功法解释。此文从健顺德之体的方圆及其相互为用的法式，说明太极拳术攻防之道乃浑元一气之静以制动的攻防功夫。驭静以动，动中亦静，正奇进退之机，迟速幻转之妙，悉出于无心，系自然之运用，因时致变，因力制人。至于方圆立体发用之妙，件件原委之于自然之神，统蓄以先天寸绵之力，为无为无不为也。动静互为其根，阴阳迭神其用。非浑于始，奚得其元之玄；非元之大，无以显其浑之德。浑元者，无生妙有也。太极拳术攻防之道体用精旨妙义，于此文论述中自见分明！

注解

① 太极者圆也……不离此方也：

既然健顺和之至、化乎太和一气者是太极，则一体之中见二象。二象者，方圆也。方圆一体而互见，分而论之乃方圆之象。圆乃方之根，方乃圆之根，此谓之方圆互根。匹配刚柔论之，方而圆者，乃刚直发放转柔曲化解之势；圆而方者，则是柔曲化解转刚直发放之势。故曰：无论内气外形、柔外刚中匹配如一的上下、左右，皆不离此方圆也。

如在小成的法身形之体形拳招熟中，手法圆曲者的防守化解之势，方直者的进攻击打之势，步法圆曲旋转者的闪化之势，方直进攻之势，身法圆曲、方直的曲避直取之势，三法合一方圆之曲化直发之势，无不是方圆之用法也。

②圆之出入……出此以外哉：

圆象的运用是为了出门入户，方直的运用是为了"进为人所不及知，退为人所莫明速"。随方就圆的攻防往来无始无终。以攻防拳势而论：方为开展之势，圆为紧凑之势。故而，任何攻防拳势的瞬间，都是方中有圆，圆中见方的态势。方者不矩而方，圆者不规自圆。拳势方圆规矩至极佳的状态，任谁的拳势也不能出此方圆规矩以外。

③如此得心应手……欲罢不能矣：

如果一个太极拳术攻防之道的修炼者，能够在比武较技中，与人随方就圆地往来变化，达到方者不矩而方、圆者不规自圆，其攻防拳势方圆规矩已至极佳的状态了。其拳势克敌攻坚如龙灵变，用力不见力而山莫能阻；似虎快利，出爪不见爪而物不能逃。神乎其神，见隐显微，明而且明。故其攻防拳势生生不已，势如长河滔滔不绝，欲罢不能矣！

太极轻重浮沉解

双重为病，干于填实，与沉不同也；双沉不为病，自尔腾虚，与重不一也。①

双浮为病，祇如漂渺，与轻不例也；双轻不为病，天然轻灵，与浮不等也。[②]

半轻半重不为病；偏轻偏重为病。半者，半有着落也，所以不为病；偏者，偏无着落也，所以为病。偏无着落，必失方圆；半有着落，岂出方圆？[③]

半浮半沉为病，失于不及也；偏浮偏沉，失于太过。[④]

半重偏重，滞而不正也；半轻偏轻，灵而不圆。[⑤]

半沉偏沉，虚而不正也；半浮偏浮，茫而不圆也。[⑥]

夫双轻不近于浮，则为轻灵；双沉不近于重，则为离虚。故曰"上手"。轻重半有着落则为"平手"。除此三者之外，皆为"病手"。[⑦]

盖内之虚灵不昧，能致于外之清明，流行乎肢体也。若不穷研轻重、浮沉之手，徒劳掘井不及之叹耳！[⑧]

然有方圆四正之手，表里精粗无不到，则已及大成，又何云四隅出方圆矣！所谓方而圆、圆而方，超出象外，得其寰中之"上手"也。[⑨]

题解

此文以"太极轻重浮沉解"为题，谈到了太极拳术攻防之道"双轻、双沉、半轻半重"的三种功夫手和"双重、双浮、偏轻偏重、半浮半沉、偏浮偏沉、半重偏重、半轻偏轻、半沉偏沉、半浮偏浮"九种病手拳法。三功九病的理论基础，来源于《易经》"一动，便有吉，凶、悔、吝"的一功三病的说法。

注解

① 双重为病……与重不一也：

双重之病，有外形手足不能上下相随的双实之重滞，有形落劲亦落的填实之双重呆滞。沉者，形虚劲实匹配得当，松沉无滞之功夫也。故曰：双重与沉不同。两手同时下落，配以内劲腾虚而起，谓之双沉，是功夫。即立如平准，活似车轮，内劲与形体"逆从阴阳"，而内劲持"松沉"之劲势，使自身形体又中土不离位，是谓"双沉"。自有内劲腾挪虚灵的蓄放自如的弹簧效应，是外象沉重内有虚灵的意境，故前人称为"离中虚"的功夫手。当然，这与双重干于填实的病拳是不一样的。

② 双浮为病……与浮不等也：

双手虚起，内劲从双手上起，双足虽分虚实，但虚足浮起，连带实足亦被牵动而浮起，造成全身缥缈无着落，而成手足双双浮起无根的状态。病在不知双手虚起，应配内劲松沉反蓄之势。此为双浮，因其缥缈无根底，故为病拳。

轻者，内气外形虚实匹配得当，轻灵而有根底之功夫也。故曰双浮与轻不同。两手同时上起，内劲逆从而能足下有根底者，谓之双轻，是功夫。双轻功夫，立如平准，活似车轮，内劲与外形逆从阴阳，而内劲持轻灵劲势，自身形体"中土不离位"。而上有两膊相系，下有两腿相随，其劲势和形体的虚实仅有微末之分，是谓双轻，是内劲，是形体双双轻灵的"对五"功夫艺境。即，五阴五阳是妙手的上乘功夫，是"巽风"拳法的功夫手。当然，这与双浮失根缥缈无着落的病拳是不能等同看待的。

③ 半轻半重……岂出方圆：

左（右）手起足落、右（左）手落足起的手足上下相随者，是为半轻半重。因其半有虚实互根之着落，所以不为病。

半轻半重：所谓半，指人身重心的偏心距未超出两腿中间三分之一的范围而言。此乃正确化分自己身形虚实的标准，亦是立如平准，活似车轮，内劲和形体"逆从阴阳"，功夫虽然是"五阴五阳的妙手"，然轻重在自身的表现较明显。此法通常在"肘靠，採挒"的方法中多用，因为轻重变化自有着落，故为功夫手。

偏是左（右）手起足起为偏轻、右（左）手落足落为偏重，虚实偏于一边，自身重心偏出"中土之位"，造成一只脚重而另一只脚浮摆在地上的状态，形成偏重于一边，另一边偏轻，自身偏无着落的病态。缺失虚实转换的着落之所在，为病拳。凡偏者，皆同时存在中土离位的现象，必失方圆变化规矩之根底而不能灵通动转变化；而半轻半重者，皆同时把握中土不离位的功夫，不失方圆变化规矩之根底而自能灵通动转变化。

④ 半浮半沉……失于太过：

半，此半者有两个意思：中土不离位，即"要半不要偏"之半；形用半之半，有左右各半，上下各半，对角各半。凡言半者，含重心不偏出中土之位和"左右各半，上下各半，对角各半"的半。

半浮半沉，虽然不偏出中土之位，然而半浮亦属重阳，半沉亦属重阴，皆属于阴阳离绝之象的呆滞不灵之病手，是阴阳配合不及造成的。

偏浮，同一边的手足上下皆虚，重阳之病；偏沉，同一边的手足上下皆实，重阴之病。两者又造成重心偏出中土之位。所谓"偏浮偏沉"，是不知形的上下相随，即手足虚实相配，是不知阴阳逆从、劲形反蓄而失之太过造成的。

⑤ 半重偏重……灵而不圆：

左（右）手起足落的手足上下相随者，同时右（左）手落足落为半重，而又造成中土离位的为偏重，拳势自然滞而不中正；右（左）手落足起的手足上下相随者，同时左（右）手起足起为半轻，而又造成中土离位的为偏轻，拳势虽然灵动却不圆满。

⑥ 半沉偏沉……茫而不圆也：

一边的手或足沉降是为实，内劲不知反虚以虚济之，而造成全身重心偏出中土之位，形成偏沉而动转不灵，造成"虚而不正"的体态,是为半沉偏沉。一边的手或足升举虚起,而内劲亦同形而升起,虽不出方圆,而造成全身浮而无根,使重心偏出中土之位,是名"半浮偏浮"的病手。

⑦夫双轻不近于浮……皆为"病手":

立身中正安舒,形用半,劲用对五,阴阳逆从,劲形反蓄,内外神意气劲形中六合一统。双轻不近于浮的就是轻灵的功夫手,双沉不近于重的就是虚灵的功夫手。这两种功夫手乃上乘的功夫艺境者之手法,故曰"上手"。而半轻半重半有着落的功夫手,乃平常的功夫手法,故曰"平手"。以上三种手法乃太极拳术攻防之道的手法。除了上述的三种功夫手法外,双重、双浮、偏轻偏重、半浮半沉、偏浮偏沉、半重偏重、半轻偏轻、半沉偏沉、半浮偏浮,这九种皆为病手拳法。

⑧盖内之虚灵不昧……不及之叹耳:

修炼太极拳术攻防之道,只有自己的法身道体虚灵不昧,才能致使外形清静行动敏捷明快,这都是因为内气在外形体中流动运行的结果。假如一个修炼太极拳术攻防之道的人,不穷究细研轻沉的功夫手法和浮重的病拳手法之生成的根本原因及其本质之差别,是不能获得双轻、双沉、半轻半重的功夫手的。犹如徒劳掘井不及甘泉之水,枉叹息也!

⑨然有方圆四正之手……寰中之"上手"也:

一个修炼太极拳术攻防之道的人,已经具备了掤捋挤按四正手的方圆变化之攻防功夫,又能够内气、外形表里精粗功夫无不到家,则已经阶及大成的神拳神明功夫艺境了。当他运用采挒肘靠四隅手时,也不是因为四正手出隅而用之,而是在中正安舒的法式中,见境生情随机顺势实施而已!这时的所谓方而圆、圆而方的变化,只是自己的无形之法身道体的方圆变化而已。此乃"枢得环中,应变无穷"的太极全体透空,虚灵妙境的功夫艺境也。

延伸阅读

太极轻重浮沉解

（沈家祯藏本全文）

一、双重为病，病于填实，与沉不同也。

二、双沉不为病，自尔腾虚，与重不一也。

三、双浮为病，祗如漂渺，与轻不例也。

四、双轻不为病，天然轻灵，与浮不等也。

半轻半重不为病，半者，半有着落也，所以不为病。

偏轻偏重为病，偏者，偏无着落也，所以为病。

因偏无着落，必失方圆；半有着落，岂出方圆？

五、半浮半沉为病，失于不及也。

六、偏浮偏沉为病，失于太过也。

七、半重偏重为病，滞而不正也。

八、半轻偏轻为病，灵而不圆也。

九、半沉偏沉为病，虚而不正也。

十、半浮偏浮为病，茫而不圆也。

十一、夫双轻不近于浮，则为轻灵；双沉不近于重，则为离虚。故曰"上手"。轻重半有着落，则为"平手"。除此三者之外，皆为"病手"。盖内之虚灵不昧，自然致于外，则清明在躬，流行于乎肢体间矣。若不穷研轻重浮沉之手，有掘井徒劳不及泉之叹。然方圆四正之手，能表里精粗无不到者，则已及大成，又何虑有四隅以出方圆矣！所谓方而圆、圆而方，超出象外，得其寰中之"上手"也。

太极四隅解

四正，即四方也，所谓掤捋挤按也。①初不知方能使圆。方圆复始之理无已，焉能出隅之手矣！缘人外之肢体，内之神气，弗得轻灵方圆四正之功，始出轻重灵浮沉之病，则有隅矣！②

譬如：半重偏重，滞而不正，自然为採挒肘靠之隅手；③或双重填实，亦出隅手也。④病多之手，不得已以隅手扶之，而归圆中方正之手；⑤虽然至低者，肘靠亦及此以补，其所以云尔。⑥夫日后功夫能致上乘者，亦须获採挒而仍归大中至正矣！⑦是四隅之所用者，因失体而补缺云云。⑧

题解

掤捋挤按四正手，採挒肘靠四隅手。此文中特意提出採挒肘靠四隅手的攻防作用及其价值。故而修炼太极拳术攻防之道的人，不能只修炼掤捋挤按四正手的攻防方法。如果没有採挒肘靠四隅手的补救法的实施，自然攻防技法就掌握得不全面。然而，攻防功夫达到上乘功夫艺境时，亦可获得在大中至正的身法基础上实施採挒肘靠四隅手以制胜的良方。精通採挒肘靠四隅手的攻防作用、价值，就是"太极四隅手解"一文的意义。

注解

① 四正……按也：

四正，就是掤捋挤按四正方之攻防手法。

② 初不知方能使圆……则有隅矣：

刚刚开始修炼太极拳术攻防之道的人，不知道掤捋挤按四方正手的连续运用可以成为圆融一体的方圆攻防之势。究其原因，是因为他不知道自身健顺德之体的方圆变化，能使掤捋挤按的方圆攻防之势生生不已、源源不断。掤捋挤按的方圆攻防之势运使得灵通圆活，应随自然，为何会出现圭角而需要实施採挒肘靠四隅手以补救呢？只因为人的内之神气，外之形体，不得轻灵的方圆之掤捋挤按之四正手的运使制胜的真功夫，致使出现轻者为浮、沉者乃重的病拳之势。因为浮则无根，重则呆滞，为有圭角之病拳。

③譬如……之隅手：

例如：半重偏重，半边手足双落则实重，是为半重；而又中土离位，是为偏重。故曰：滞而不正。自然要出採挒肘靠四隅手以补救。

④或双重填实，亦出隅手也：

或者是双手、双足、手足的全实而内劲又填实，是为双重，是出圭角之病拳，必以採挒肘靠四隅手以补救之。

⑤病多之手……方正之手：

凡前述九种病拳而多犯者，不得已而出採挒肘靠四隅手以扶正补救之，使自己回归到掤捋挤按的圆中方正之攻防手法上来。

⑥虽然至低者……其所以云尔：

形拳招熟的小成攻防功夫艺境，亦时常需要运用肘靠的方法补救之。之所以有这样的说法，因为四正手出隅，必以隅手补救之，才能回归到掤捋挤按的圆中方正攻防手法上来。

⑦夫日后功夫……大中至正矣：

如果日后攻防功夫能达到大成的神拳神明的艺境，也需要辅之採挒之隅手法的实施而归于大中至正之攻防手法上来。

⑧是四隅之所用者，因失体而补缺云云：

这就是採挒肘靠四隅手之所用的精妙之处，因补掤捋挤按四正手的缺陷而用之；但是，懂劲以后，凡实施採挒肘靠四隅手而攻防者，不必非补救时用之，亦可在至中至正的身法功夫的基础上随机顺势而用之。这才是对採挒肘靠四隅手之掌握、实施的正确认识。

太极平准腰顶解
（五言二十句）

顶如准，故云"顶头悬"也。①两手即平左右之盘也。②腰即平之根株也。③"立如平准"，所谓轻重浮沉、分厘毫丝，则偏显然矣！

有准顶头悬，腰之根下株。尾闾至囟门也。④

上下一条线，全凭两手转。⑤

变换取分毫，尺寸自己辨。

车轮两命门，一纛摇又转。⑥

心令气旗使，自然随我便。

满身清利者，金刚罗汉炼。⑦

对待有往来，是早或是晚。

合则放发出，不必凌霄箭。⑧

涵养有多少，一气哈而远。⑨

口授须秘传，开门见中天。⑩

题解

此题目所解的是太极拳术攻防之道修炼致用中的"平准"，就是立如平准的安轴定位，要求"尾闾中正神贯顶，满身轻利顶头悬"的身法功夫，乃两手左右的三盘法运用的准则；强调上下相随及过身法的腰顶功夫，心意、腰脊、虚中、与一身的主从关系；要求劲力均匀，明知、掌握尺寸分毫之技术内容；最后强调太极拳术攻防之道的修炼，要拜明师，得师真传秘诀，才能法分三修，游历三境，方能成就法身道体的神化艺境。

注解

①顶如准，故云"顶头悬"也：

百会穴到会阴穴上下垂直一线，乃自身的竖轴。而百会穴又是自身竖轴的顶端。《陈谱·太极原推解·歌诀》中明确说："百会、中极，一体管键。"当身法做到顶头悬时，百会穴又是立身中正安舒的"准头"。所以说"顶头悬"的身法功夫，不单是一神领起，浑身无懒骨，而且关乎到身法左右盘的粘黏连随之得当与否。如以立身中正来说，首要是中土不离位。这才是顶如准的顶头悬的重要作用呢！

②两手即平左右之盘也：

这个"平"字，是自身攻防动变平衡的意思，由百会穴司命。左右盘者，两手展开平伸，旋转一周，是手之天盘的范围；屈手两肘平伸展开，旋转一周，是肘之人盘的范围；垂双手臂，两肩头自然旋转一周，是肩之地盘的范围。此乃三盘法说。而太极拳中对左右双手又有更细的分工，即左手主管身体的左半边，右手主管身体的右半边，而身体左右攻防的动变平衡全凭百会穴的准头来调整。手法攻防动变的准头乃鼻尖。太极拳法的偏沉则随，是偏沉于己，柔以化之而不匾；偏沉于彼，刚以逼之而不过。虽然有固有的劲势的均匀作用，但关键还是要以"顶如准"的中枢功能为根底。

③腰即平之根株也：

腰乃自身攻防动变平衡的"根株"，或曰"根下株"。株者，当"茎"解，就是枢轴的意思。而腰的特殊性要先分析清楚，才能认知明白。腰乃一身上下左右之枢轴，又是身弓的弓把部位。腰掌管身法动变平衡，主要是左右手足虚实的上下相随。就是腰隙分左右，左实右虚时，则左足踏实，右足虚，同时，左手虚，右手实；右实左虚时，则右足踏实，左足虚，同时，右手虚，左手实。所以才有"腰为根下株"的说法，亦是腰顶的内容之一。这样，自身之中就有了两个较大的中枢，一个是百会穴至会阴穴的"虚中"，乃身弓的弓弦；一个是会阴穴至腰脊颈至百会穴的"实中"，乃身弓的弓背。虚、实共同司管着一身的动变平衡，但是，亦有主次之分别。虚中为主，主管内气外形的动变平衡；实中为辅，主管外形虚实的动变平衡。因为天大地小，故知虚中的职能要大于实中的职能。故此，才有"立如平准，所谓轻重浮沉、分厘毫丝，则偏显然矣"这样的说法。其中"则偏显然矣"，说的就是"立如平准"，才能有偏沉于己柔以化之、偏沉于彼刚以逼之的顺随自然的攻防能力。

④腰之根下株。尾闾至匈门也：

腰要为根下株，是就腰脊之身弓，弓背作用而说的。匈门，匈，胸之本字。匈门，乃指后背的心肺之俞穴，实际是指脊椎而言的，具体来说，是就身弓之"实中"立论的。

⑤上下一条线，全凭两手转：

太极拳的动变有"以不动之腰脊，催动动之手足"的要求，此乃"处内治外，以近治远，以内治外，以本治末"的练用法则。这里的"上下一条线"是指百会穴至会阴穴的"虚中"而言的。只有如此行拳用势，才能保证立身中正安舒、周身内外一家的立如平准。如果认为"上下条一线"是指腰脊身弓之弓背而言的，难免要出差错了：如果攻防动变意注于腰脊，而不是腰脊维护虚中而变化，自己的重心就会向后偏倾，腰脊的动变自然会出现滞重迟涩的现象，必易致败，病在己之身法不中正尔！只有以虚中为总枢的立身中正，才能任凭两手攻防旋转应随自然；也只有全凭两手旋转的掤捋挤按维护虚中这上下一条线的动变，才能保证自身的动变平衡，才能与对手黏走的丝毫无差而有准的。只有这样，才能在变换过程可取分劲法、厘毫劲法而有准的。

懂劲后的测量尺寸，是功夫艺境，这需要习拳者自己平时用心如法揣摩，方能辨识准确。如何揣摩？就是见尺劲自由十分来测取，便得知分劲矣；见分劲自由十厘来测取，便得知厘劲矣；见厘劲自由十毫来测取，便得知毫劲矣！这就是"变换取分毫，尺寸自己辨"的精义。

"上下一条线，全凭两手转"中的一线是就"虚中"之中枢一线而言的，这要与"心之所在力随往，上下一线是金梭"的锋线之一线相区别。两手若风烟，才能太和一气地旋转，达到掤捋挤按毫不费力地将人跌翻！此是太极拳，否则非矣！

⑥ 车轮两命门，一纛摇又转：

两命门，左右之腰隙也。纛者，大旗也。以此象征手足听命于腰脊也。立如平准，活似车轮。立如平准，前面论过了。活似车轮，有立论法的上下相随，在于腰隙的左右虚实转换，前面已经论清楚了。水平法的轮转，也是自身"趋避法"的旋转，就是"以不动之腰脊，催动动之手足"的法式。这个法式的重点在于腰脊的左右旋转，造成双手屈伸环绕。但是，腰脊必须围绕百会至会阴"虚中"的旋转，身法才能中正安舒，才能圆转如轮。平、立轮身法轮转得好与次，注意三点：一是，立轮的腰隙之左右虚实的倒换，决定着手足的虚实倒换；二是，水平轮的旋转，必须由腰脊催动手足的环绕拧转，才具备周身一家的动变能力；三是，不管腰肢虚实的上下相随之变换，还是以腰脊催动手足水平的旋转变动，都要以"虚中"为枢轴。此正是虚实相需、内外一而贯之的周身一家的功夫，这才是"车轮两命门，一纛摇又转"之诀言所欲阐发的精旨妙义。这可由下句诀言"心令气旗使，自然随我便"的论述得到证实。能够心之发动，内气催动腰脊之大旗，驱使众兵的攻防机制，自然由我便利地运用了。此亦说明，意气君来骨肉臣的练用宗旨始终未变。

⑦满身清利者，金刚罗汉炼：

满身轻利，就是全体透空之艺境的写照。来无影，去无踪，一阵清风倏忽。从有形练到无形处，无形的法身道体才是真功夫，自然能轻灵如蜘蛛游网，攻防似荷叶滚珠。金刚铁罗汉者，有法身道体精心铸造而形成的铁布衫、金钟罩照体的护身功夫，具有来力不入、去力无阻的功能。正如《九要论·一要论》中所说："且拳事之论亦甚繁矣！而要之千变万化，无往非势，即无往非气。势虽不类俦，而气归于一。夫所谓一者，从首项至足底，内而有脏腑筋骨，外而有肌肉皮肤、五官、四肢百骸，相连为一贯之者。破之而不开，撞之而不散。上欲动而下自随之，下欲动而上自领之；上下动而中部应之，中部动而上下和之。内外相连，前后相需，左右相应。所谓一以贯之者，其斯之谓欤！"论中对"破之而不开，撞之而不散"之功夫的描写，正是金刚铁罗汉抗击打功夫的一面；而"上欲动而下自随之，下欲动而上自领之；上下动而中部应之，中部动而上下和之。内外相连，前后相需，左右相应"的论述，正是虚实相需、内外一气贯串的攻防动变功夫轻灵便利的写照。

金刚罗汉炼：就是内功养生之道的修炼，达到无形法身道体"德普三光"的艺境。历来修炼家将此称之为"不坏金刚之体罗汉身"的功夫。无形法身道体具有"无有入于无间",无不能催的"来力不入，去力无阻"的能力。故以"金刚罗汉"喻之。

⑧ 对待有往来……不必凌霄箭：

对待者，攻防也。夫拳贵乘机以进，无隙则退。故奇正明，拳法成；精神全，神力猛。《浑元剑经》云："知止止者，亦进攻退守之道也。进攻之道，见机而作；退守之道，忍辱为先。进退得宜，便为知止，乃是功夫。若茫然而进与退，昧然而守与攻，非徒无益，恐招尤之媒来自面前，而昧已晚。是求荣反辱，欲固守己身，多助敌资，良可惜也。故曰：战胜一时，由于训练千日功夫。岂偶然乎？"故胜人在得机得势。然于己有利的机势之到来，是有早有晚的。但不管来早与来迟，得机得势当发则发，一击必中而胜之，此谓当机立断。机逢当断不断，其必自乱。此乃习太极拳者之大忌也！这就是"对待有往来，是早或是晚"一句诀言之精义！

太极拳讲究"浑身无处不太极，挨着何处何处发"，体现的是"浑身无点不弹簧"的攻防能力。只要得机得势，发之便是，然要"跌落点对就成功"。太极拳的发放，基本上有两种法式，一是发放柔化的法式，二是发放刚发的法式，皆谓之发。然能做到"放发出"的胜人之效果，亦有两种法式。一是，顺从以为进退的四两拨千斤的法式；一是，逆力以为揭献的借力打人的法式。其中"顺从以为进退的四两拨千斤"的法式之击人放人时的劲力并不明显，或补或泻，只是给对手过上加过的意思而已。而"逆力以为揭献的借力打人"的法式之击人放人的劲力，必须劲道明显、劲势集中如利剑，直对彼之根枢而击之，才能发必中的。这就需要所发劲势具有穿孔透甲的凌霄箭的能力。诀言所讲的"合则放发出，不必凌霄箭"的意思，是在肯定了"逆力以为揭献的借力打人"的法式之击人放人的劲力具有穿孔透甲凌霄箭能力的同时，又承认了"顺从以为进退的四两拨千斤"的法式击人放人时并不明显的劲力之事实。这才是"合则放发出，不必凌霄箭"之诀言的精义。

⑨ 涵养有多少，一气哈而远：

如果分析"顺从以为进退的四两拨千斤"的法式和"逆力以为揭献的借力打人"的法式之孰难为、孰易行，根据我多年体认，我认为：逆力以为揭献的借力打人的法式，容易修炼成功，容易实施；而顺从以为进退的四两拨千斤的法式，不容易修炼得精熟，不容易实施。因为，逆力以为揭献的借力打人的法式，不管内劲的涵养之多少，皆可做到一气哈而将对手放之至远。然顺从以为进退的四两拨千斤的法式则不然，必须要修炼到气随心到、心逐气穿、心能普照、气自周全、顺随为法、时至神知、久而能力自加，才能式如行云流水，无停无滞，瞬息存养，动静清轻而敏捷，入手轻灵自神妙，方可以进退如意，顺从得当，虽形无定门，非斜非横，忽高忽蹲，用而无不应验。功夫到此，可谓通真。由此可知，修炼太极拳术攻防之道，不能执偏而行，必须求全而事之，功夫自然超尘！这就是"合则放发出，不必凌霄箭。涵养有多少，一气哈而远"之四句诀言的真实精义。

⑩ 口授须秘传，开门见中天：

修炼太极拳术攻防之道必须拜明师学艺，经师父口传身授，才能如法健德体，至道用。得明师所授真传秘诀，必能得法分三修之健体筑基：大成之内功修炼炼精化气、炼气化神、炼神还虚的修法，以得纯清阳刚之内劲，名曰健之体；小成的外功修炼抻筋拔骨、展筋伸骨、柔弱无骨的修法，以得宁静阴柔的外形，名曰顺之体；中成之内气、外形，柔外刚中匹配如一，以得健顺德之体。筑基功成，继而再如法游历三境：小成的形拳招熟之艺境，中成的气、意拳懂劲之艺境，大成的神拳神明之艺境，成功于神拳神明艺境、具备神化之功。实现修炼太极拳术，攻防之道的健身、技击、功德艺境并行不悖。这就是：

> 明师层层剥皮明道理，弟子步步深入见功夫。
> 盲目千习百炼无是处，真师一点顿悟识天机。

中天：就是自己的法身道体，也就是"以天心为体，以元神为用"。天心者，妙圆之真心也，佛家所谓妙明真心，儒家谓之理心，道家谓之道心。心本妙明，无染无着，清净之体，稍有染着即名之妄也。此心是太极之体，虚无之象，阴阳之祖，动静之机，天地之心，故曰天心。元神者，乃不生不灭，无朽无坏之真灵，非思虑妄想之心。天心乃元神之本体，元神乃天心之妙用。故拳以如如不动妙圆天心为体，以不坏不灭灵妙元神为用，此乃拳家"心神""体用"之真谛尔。形意拳诀云："静为本体，动为作用"，即言此也。

然对此"天心""元神"之体、用，历观古人各有取法。昔孟子云："浩然之气，至刚至大，直养无害，塞于天地之间。"夫浩然之气，在于天地间，则保合太和之气，以之生成，在人则空灵无间之气也，即真气。夫健顺和之至也，太和之气也，名之曰太极。静者为性，动者为意，妙用则为神。禅宗六祖慧能大师悟法后所说的"何期自性，本自清净；何期自性，本不生灭；何期自性，本自具足；何期自性，本无动摇；何期自性，能生万法"，是对性体的最具体之描述。孔子则曰："成性存存。"

而拳家所言"天心""元神"之体、用，可谓周全矣！举两例以明之。孙禄堂先生说："拳术至练虚合道，是将真意化到至虚至无之境，不动之时，内中寂然，空虚无一动其心，至于忽然有不测之事，虽不闻不见，而能觉而避之。《中庸》云：'至诚之道，可以前知。'是此意也"。

通论曰："放之则弥六合，其大无外，无所不容；卷之退藏于密，其小无内，无所其入；卷放得其时中，丝毫不差，无不切机"。此正是对自己"中天"的描述。

太极①四时五气解图

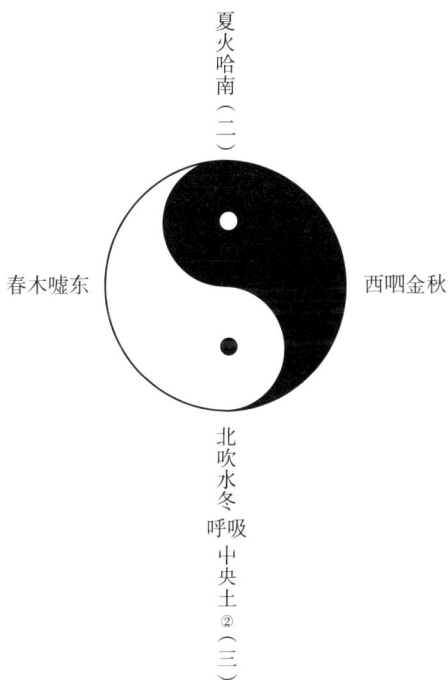

题解

上图应名为"太极阴阳四时五运六气解图"。其理法内容当源于中医著作，如明代傅仁宇所著《审视瑶函》一书的卷首就有与之相类的"五脏所司兼五行所属"的解图，其中亦绘有太极图（见下图）。这两图的左阳右阴方位相同，但是，一阴一阳两条鱼之头尾的位置恰恰相反。

太极阴阳两仪图

《审视瑶函》一书中，紧接在"五脏所司兼五行所属"之后为"动功六字延寿诀"，歌诀曰：

春嘘明目本持肝，夏至呵心火自闲。
秋呬定知金肺润，冬吹惟要坎中安。
三焦嘻却出烦热，四季长呼脾化飡。
切异出声闻口耳，其功犹甚保神丹。

故而根据"动功六字延寿诀"绘制了如下之"太极阴阳四时五运六气解图"：

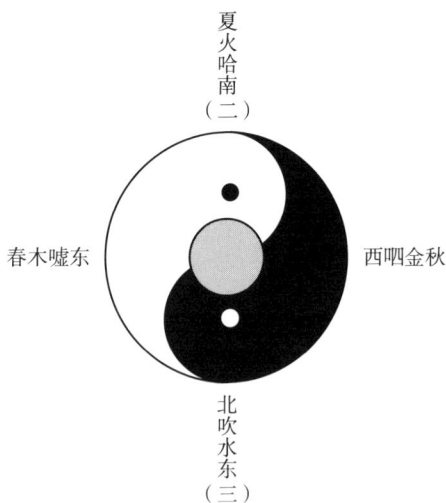

太极阴阳四时五运六气解图

注解

① 太极者，一年者，一身者，一也。两仪者，阴阳也，呼吸也，春夏、秋冬也。四时者，春、夏、秋、冬四季也。五运者，肝木、心火、脾土、肺金、肾水五行之气生克运行也。六气者，自然界中风、寒、湿，燥、火、热之六气，人身中运用嘘、哈、呬、吹、嘻、呼六字吹嘘运用内气之法式也。三焦者，上焦心肺功能如雾，中焦脾胃功能如沤，下焦肝肾功能如注，故曰："三焦嘻却出烦热，四季长呼脾化飡。"而五气解图中"呼吸中央土"中的"吸"字，如果是六字法中的"嘻"字，在"呼吸中央土"的说法中就存有"三焦嘻却出烦热，四季长呼脾化飡"之两种修炼方法的内容了，亦可以看出五字气诀与六字气诀没有本质区别。而哈与呵，在吐音发声上有可通用之处，故属于同一字诀的内容。

② 中央土，亦名戊己土，中央之所在也。此图文的读法，应按照"东南西北中"的次第顺序来读，则"解图"中的二十一个字应读如："东嘘木春，南哈火夏，西呬金秋，北吹水冬，呼吸中央土。"上引东、南、西、北皆是方向在前，嘘哈呬吹呼吸法在中，木、火、金、水、土五行及四季春、夏、秋、冬在后。

太极血气根本解

血为营，气为卫。血流行于肉、膜、络，气流行于骨、筋、脉。①筋甲为骨之余。毛为血之余。血旺则发毛盛，气足则筋甲壮。②故血气之勇力出于骨、皮、毛之外壮；③气血之体用，出处于肉、筋、甲之内壮。④气以血之盈虚，血以气之消长。消长盈虚，周而复始。⑤

题解

此文从中医学的角度来认识人身的气力、力气生成的根本缘
由，从根本上区分了气力之内壮、力气之外壮，并介绍了其所在
部位。此文为下一篇"太极'气力·力气'解"所论的内容，做
了一个铺垫。下文所要解决的是"体育"培育什么"体"的问题，
是有形肌体，还是无形道体？两者有本质上的区别、差异。

注解

① 血为营……流行于骨、筋、脉：

中医理论认为：运行于血脉中的气，名为营气，营养人身
的微细之精物，营气源于中焦脾胃；流行于血脉外的气，名之曰
卫气，捍卫人身的精微之物，卫气源于下焦丹田气海。血流行于
肉、膜、络，气流行于骨、筋、脉。

② 筋甲为骨之余……气足则筋甲壮：

指甲为筋之余、牙齿为骨之余，气足则筋甲壮；发为血之
余，血旺则毛发盛。

③ 故血气之勇力出于骨、皮、毛之外壮：

故而，血气之勇，力出于骨、皮、毛之外壮。故外壮者
力也。

④ 气血之体用，出处于肉、筋、甲之内壮：

气血之体用，出于肉、筋、甲之内壮。则内壮者气也。

⑤ 气以血之盈虚……周而复始：

气以血之盈虚而决定气之强弱，血以气之消长决定血气之盛
衰。气为血之帅，血为气之母。气生则血生，血盛则气足。气行
则血行，气滞则血瘀。气血相互根生、相互为用的消长盈虚，周

而复始，以维持生命的造化生机。

太极"气力·力气"解

气走于膜、络、筋、脉，力出于血、肉、皮、骨。[①]故有力者皆外壮于皮骨，形也；有气者是内壮于筋脉，象也。[②]气血功于内壮，血气功于外壮。[③]明于"气血"二字之功能，自知"力气"之由来矣！[④]知"气力"之所以然，自能知用力、行气之分别。[⑤]行气于筋脉，用力于皮骨，大不相侔矣。[⑥]

题解

本文以"太极'气力·力气'解"命题，从"气血功于内壮，血气功于外壮"的论述得出了两者"大不相侔矣"的结论。按太极拳术攻防之道修炼，功于内壮的就是内家拳法的修炼者，功于外壮的就是外家拳法的修炼者，其功果是不一样的。从这里也可以看出，有了这篇"太极'气力·力气'解"，就可以基本上认识清传统拳术攻防之道的修炼、健体、致用，历来存在着气力之内壮的内家拳法与力气之外壮的外家拳法两种修炼的法式，且各家皆遵从内家拳法修炼的宗旨来弘扬。所以，内家拳、外家拳的说法不能成立，只有内家拳法、外家拳法的分别而已。

注解

①气走于膜……血、肉、皮、骨：

内气游走于膜、络、筋、脉，运用者为内劲，就是气的能力，拳家将此简称为气力；力气出于血、肉、皮、骨，运用时为外力，拳家将此称为力气。

②故有力者……象也：

故而，拳势攻防有力者，皆是外壮于血气骨力者，拳家称此为外壮有形之力也；而拳势攻防运用内气者，乃内壮于筋脉也，拳家称此为内壮之景象。一内壮、一外壮，内外论述分明矣！

③气血功于内壮，血气功于外壮：

内功修炼气力的功夫，功成于内劲功夫的气力之内壮；外功修炼外形力气的功夫，功成于外形功夫的力气之外壮。

④明于"气血"二字之功能，自知"力气"之由来矣：

明白了"气血"者，气力也，内劲之功夫的功能，"血气"者，力气也，外形之功夫的功能，自然也就知道"气力"与"力气"的区别了。

⑤知"气力"……行气之分别：

知道"气力"之来源，自然就能知道用力者乃外形外壮的尚血气、用横力的血气之勇的功夫，运行内气者乃内壮之太和一气的大德之勇的真功夫。行气之内壮、用力之外壮，两种功夫的区别一目了然。

⑥行气于筋脉……大不相侔矣：

行气于筋脉的内壮功夫，用力于皮骨的外壮功夫，两者的内外修炼、健体、致用及攻防功夫艺境升华的理法、步骤是完全不相同的。

太极尺寸分毫解

功夫先炼开展，后炼紧凑。开展成而得之，才讲紧凑；紧凑得成，才讲尺、寸、分、毫。①

由尺住之功成，而后能寸住、分住、毫住。此所谓尺、寸、分、毫之理也明矣！[2]

然尺必十寸，寸必十分，分必十毫，其数在焉！[3]故云：对待者，数也。[4]知其数，则能得尺、寸、分、毫也。[5]要知其数，必秘授，而能量之者哉！[6]

题解

此文论述了太极拳术攻防之道中，修炼时先求明劲的形拳招熟，功成后再求暗劲的气意拳懂劲，功成后再求尺、寸、分、毫的施招用手、施手用招的次第。这与王宗岳《太极拳论》中所说的"虽变化万端，而理为一贯。由着熟而渐悟懂劲，由懂劲而阶及神明"的修炼顺序、次第相吻合。不同的是，本文强调攻防技法实施的尺寸度数之内容，甚为详细。有关尺寸问题，在形拳招熟的阶段，就要初步掌握攻防动变的尺寸度数；懂劲后再修炼攻防动变的分毫度数的技法能力，效果自然更佳。因为，只有懂得攻防技法中分毫度数的运用，才能进一步修炼节膜、拿脉、抓筋、闭穴这四种具体的攻防技法功夫。这才是本文真正的价值之所在。

注解

① 功夫先炼开展……才讲尺、寸、分、毫：

太极拳术攻防之道的修炼，先从明劲的开展方正之拳势练起，以求形拳招熟的攻防功夫。当形拳招熟攻防功夫小成而有得后，再修炼暗劲的紧凑圆活之拳势，以求气、意拳懂劲的攻防功夫。当气、意拳懂劲的攻防功夫成而有得时，才讲究攻防手法运用的尺、寸、分、毫之技法内容。这是修炼的基本顺序，不能躐等逾越。

②由尺住之功成……理也明矣：

在修炼内劲外形匹配合一之攻防技法运用、距离的尺寸技法内容时，先把握在尺的度数范围内动变，通过修炼，攻防动变的尺度能把握住了，就要修炼把握在寸度范围内的能力。通过修炼，攻防动变的寸度能把握住了，就要依次修炼把握分、毫度范围内的能力。这就是所谓拳家施招用手、施手用招之攻防技法中的尺、寸、分、毫之修炼内容、过程，遵循的是先易后难、精益求精之循序渐进的法式。此论述又同时说明了先求开展，后求紧凑的修炼法则。

③然尺必十寸……其数在焉：

能把握住尺动度数范围内的能力，必将一尺分成十寸来对待，攻防动变以数寸取之，再将一寸分成十分来对待，攻防动变以数分取之，再将一分再分成十毫来对待，攻防动变以数毫取之，这就是武用外数的修炼内容之一，遵之而行功必成也，有其至理存焉！

④故云：对待者，数也：

故而说：太极拳术攻防较技的胜负，是在双方施手用招、施招用手的方位、分寸时机、劲势数法统一的精确度数上分出来的。故曰，太极拳术攻防之道的基本内容，乃内有文体成、武用外数精的一门攻防之学问。

⑤知其数，则能得尺、寸、分、毫也：

一个修炼太极拳术攻防之道的人，能够知道攻防技法，动变度数之尺必十寸求之、寸必十分求之、分必十毫求之的方法而精心修炼，又能知道攻防较技的胜负是在施手用招、施招用手精确度数上分出来的道理，是谓其"知其数"。能知其数者，自能遵守尺必十寸、寸必十分、分必十毫修炼顺序，从而练得攻防动变分毫的制胜能力。其攻防技法精密、艺境高超也是理所当然的。

⑥ 要知其数……能量之者哉：

但是，知道遵守尺必十寸、寸必十分、分必十毫修炼顺序而能行之，以此得到攻防动变分毫的制胜能力，必须得明师真诀秘授，否则不易成也！攻防功夫精者，是能在分毫之间制胜的人。

太极膜脉筋穴解

节膜、拿脉、抓筋、闭穴，此四功由尺、寸、分、毫得之后而来之。①

膜若节之，血不周流。脉若拿之，气难行走。筋若抓之，身无主地。穴若闭之，神昏气暗。②

抓膜节之半死，身脉拿之似亡，单筋抓之劲断，死穴闭之无生。③

总之，气血精神若无，身何有主也？④如能节、拿、抓、闭之功，非得点传不可。⑤

题解

此文以分筋、拿脉、抓膜、闭穴之四法内容为题，解释了膜、脉、筋、穴的部位，及遭到对手节、抓、拿、闭诸法袭击后的不良后果。至于闭穴，就是打穴的意思。而有关打穴、点穴的说法，并非捕风捉影，其源于古拳谱《易筋经·贯气诀》中"点气论"一文的论述，现录之如下，以兹对照。

似梦地着惊，似悟道忽省，似皮肤无意然火星，似寒侵骨髓打战悚，想情景，疾快猛原来是真气泓浓。震雷迅发，离火焰烘，洪水波涌。欲学不悟个中窍，丢却别寻哪得醒？

着人肌肤，坚刚莫敌者，形也。而深入骨髓，截营断卫者，则在乎气。形之所着，未有不疼者，疼则不通，理应然也。能隔断血气之道路使不接续，能壅塞气血之运转使不流通，可以分筋骨毙性命于顷刻，气之为用大矣哉！但须知其聚，明其发，神其用，方能入彀，如射之中的。坚刚形体（形整气正），不偏不倚，如矢之端直，簇羽均匀；会聚中气，神凝气冲，如开弓弛张，弓圆弦满，而其中之神勇，可串叶，可透七札，乃在撒放之灵与不灵也。

以此可见，"有形练到无形处，练到无形真功夫"亦是太极拳修炼的法式。

注解

① 节膜……之后而来之：

膜、脉、筋、穴，血气周流运行之所在。节膜、拿脉、抓筋、闭穴这四种功夫，乃上乘攻防技法功夫艺境之手段。而这四种攻防技法功夫是在掌握尺、寸、分、毫度数的技法后得来的。

② 膜若节之……神昏气暗：

膜者，筋骨之膜也；节者，阻断之谓也。膜若被阻断，血不能周流运行则阻塞，节法之妙也。脉者，真气流行之道路也。脉若被拿住，真气难于运行而不能走化，拿法之妙也。筋者，骨为枝干，支撑人身；筋以连骨，不致脱散。故骨在内而筋在外，两相依托。抓者，阻截之技法。筋若被抓，身体动变不能由己，乃抓法之妙也。穴者，气血周流运行的汇聚所在。闭者，诸种技法实施之后果，造成对手的穴位闭塞不通之谓也。若穴位闭塞，则会出现神智昏昧、真气暗伤的症状。

③ 抓膜节……闭之无生：

利用抓膜的技法节膜，膜被节自然血不能周流运行，半边身体不能动转，谓之半死；身体的气血脉络被人拿住，动变不得，谓之似亡；如果单独运用手法，抓住对手的筋节，其劲力自断而不能动变；如果能致人死亡的穴位被重击手法闭之，则无生还的可能。

④ 总之……身何有主也：

总的来说，一个人的精神气血，失去了生化机制的能力，身体就如同没有了主宰一样！

⑤ 如能节、拿、抓、闭之功，非得点传不可：

如能获得节、拿、抓、闭之真功夫，非得明师如法循序渐进、一点一滴地系统传授不可。

延伸阅读

"点穴"的基础功法"卷珠倒流"法析解
八卦掌三十六法歌诀·第十五法

此掌与人大不同，未击西分先声东。

指上打下孰得知，卷珠倒流更神通。

八卦掌的功法与其他拳法大不相同，未击打西边的时候，先在东边造成攻击的声势，形式指向对方面门之处，却是击打他的下阴之处，这种"明招暗手"的诡道法式，对方如何能够知道呢？"暗劲"之对法的"卷珠倒流"的法式，则更为神妙玄通，对方不知何故就落败了。

这首歌诀，最为真实奇妙的就是"卷珠倒流"法式了。因为这"卷珠倒流"的法式之实施已经是大成无形神拳神明功夫艺境了，也就是法身道体无形的攻防功夫艺境了，故而一般的拳术修炼者大多不能理解这首歌诀中的"卷珠倒流"究竟是什么样的攻防功夫。

如果借用下文的"太极边球法"来理解"珠"的概念，就比较容易明白"卷珠倒流"的功法内容了。希望读者能够举一反三，真正理解"卷珠倒流"功法的奥妙所在。

边球九宫动变、化打合一精义解

太极边球法攻防功夫概念的确立

拳诀云："静为本体，动为作用。"说的就是无形法身道体的体用功能作用的关系。而"太极边球法"九宫动变、化打合一攻防功夫的功法、艺境概念之确立，就非常清楚地说明了这个问题。太极边球是本体的存在，当它运动的时候，就体现出其攻防功能制胜的巨大优势了。

"太极边球法"九宫动变、化打合一攻防功夫功法、艺境概念的确立，是由内功养生之道的"太极边球法"修炼，经过笔者自己攻防较技的实践验证与弟子修炼、致用的印证，而确立的攻防功夫之一。想了解"太极边球法"九宫动变、化打合一攻防功夫的概念，必须首先了解内功养生之道"太极边球法"功夫的修炼内容。故而，将"太极边球法"的修炼内容录之如下。

太极边球法

此功法可以单独修炼，起功法与其他功法的起始方法一样。此处介绍的是接"托塔拎锤桩"功法派生出来的法式。功法步骤如下。

① 眼神内观，仿佛注视两手心内形成的皮球大小的球体，心意默想着将两手相对，皮球幻化成为一个直径 25~30 厘米的球体。

② 眼神内观，随时注视此球，运用两手的往来引领，运使此球在自身体表任意滚动。不管此球体如何在身体表面滚动，身体要柔弱无骨般随此球的滚动而做"形体如流水"的节节贯串的运动。要做得一身无有棱角、圆活自然流畅，才见功夫。同时又要切实体会此球在身体表面滚动时，每一个表皮细胞都在做着又接又送之事，要觉知得细腻入微而又清晰，方入佳境。

以此功法修炼，属于内外功双修的法式。此球体为内功法，动练为外功法，乃"以内练外"的法式。双修者，既能修炼"听探之良知"的功能，又能修炼了"顺化之良能"的功夫。全凭修炼者自己的侧重点不同。

此功法的修炼姿势、动作的随机性特别强，可以说是无拘无束、任意施为，只要遵守既定的法则就可以了。得此法而修炼者，有的姿态不亚于专业舞蹈演员的舞姿。这就是前贤所说的：

工夫贵勿刚勿缓，和平得中，且存且养，内外兼济。直外便能和中，炼形亦可长生。活动筋骨身轻灵，周身气血力加增。

《浑元剑经·剑髓千言》

以上功法，既可单独修炼，又可接连修炼。但是，不管是单独修炼，还是接连修炼，也不论修炼时间长短，只要是不再修炼了，就要如法收功。具体方法如下。

① 将内气收到丹田时，要将气球幻化成一乒乓球大小的球体。眼神内观，注视此气球，运用心意活动揉化，使球越揉越小，越小越亮。经十来次心意活动之揉化，此气球小如黍米粒般，而又是特别耀眼之亮点。此时，以心意活动将此亮点往下一放，眼神内视不见亮点，是为藏好了，是为"服食"，以备下次练功时启用。

② 将亮点藏好，收拢双手小臂，两手掌心轻轻相搓，同时心中和悦欢喜，眉目舒展，面带微笑（注意：不要睁眼，不要张开嘴巴），当笑得极为轻松自然时，就用双手轻轻上下揉搓面颊。随着双手的揉搓，慢慢睁开双眼，随即轻轻地从头开始依次活动全身，直至移动步履，恢复平常状态，此为一次练功完毕。

功法作用和功能分析

此功法的最大特点是可以修炼至大成攻防功夫中的"八风不挠""无点不弹簧"以及"一触即发"之攻防功夫艺境。

攻防功夫艺境一是听探的知人之功夫能力，二是发放人的良能。听探功能达到"粘衣如号脉"的知人不误，发放人的良能达到"粘衣十八跌"的艺境。此功法，运用自己内劲所成之球在自身体表任意自如地滚动，可使自身体表的听探功能敏捷也可使发放他人的机制灵动能力达到粘黏连随的自动化之艺境，故而能在大成艺境时轻易做到"一触即发",乃成不期然而然、不期至而至的自然之势。

太极边球法九宫动变化打合一基本方法

手臂的法式

以单手臂为例,在对方以一种攻击手法触及我手臂的瞬间,以接触点为界,靠我手臂的另一侧有一个内劲形成的直径大于50厘米的球形物。此球形物以双方接触点的位置为头,离双方接触点的远点位置为球尾。我则可以运用这个球形物的尾部,按照九宫图的方位——上、下、左(前)、右(后)的四正法式,左(前)上、右(后)上、左(前)下、右(后)下的四隅法式的八方变位,再加之中宫球形物的直吞直吐方法——选用其中任何一个方位的动变,形成化打合一的法式将其击败。

身法的法式

如上的太极边球九宫动变、化打合一的法式,亦可以运用于身法的接触点位之球形物。具体方法,以正身法接对方双手虎扑式扑击我方胸部为例:在对方以虎扑手法触及我胸部的瞬间,以接触点为界,靠我身的一侧有一个内劲形成的直径大于50厘米的球形物。此球形物以双方胸部接触点的位置为头,离双方胸部接触点的远点位置为球尾。我则可以运用这个球形物的尾部,按照九宫图的方位——上、下、左、右的四正法式,左上、右上、左下、右下的四隅法式的八方变位,再加之中宫球形物的直吞直吐方法——选用其中任何一个方位的动变,形成化打合一的法式将其击败。

太极推手周身法式的修炼

具体的应用方法，就是要将该法式运用到太极推手运动中，不断体认自己周身各部位的太极边球。一定要将自己周身全部太极边球九宫动变化打合一的法式研究通透，并能精熟之。所谓精熟之，就是在太极推手运动中能够做到见境生情、随机而用、左右逢源，任凭对方百般刁难，无不应机化解于无形之中，最终达到寂感遂通、应物自然的自动化状态。

攻防较技中实施攻防招法周身法式的修炼

传统拳术攻防之道的修炼，最终要在攻防较技中达到"制人而不制于人"的艺境，才是正果。攻防较技运动比太极推手运动难度就大得多了。太极推手是先接触而后才开始的攻防运动，方便实施"听探、顺化相互为用"的功夫，故而在太极推手运动中容易操作太极边球、九宫动变化打合一的法式以制胜。而攻防较技乃双方不先接触，一旦接触则胜负立判！

难度大得多，是因为这是在小成形拳招熟功夫艺境基础上开始修炼的；要是在太极推手运动中、在实施太极边球九宫动变化打合一功夫精熟的基础上修炼，也就不觉得难了。

只要在各种惯用又精熟的攻防招式手法中，遵法领会如何运用太极边球、九宫动变化打合一的法式制胜的要领，就能一一纯熟而掌握之。当然，这需要先"喂手"单操，自己练熟，而后与人"盘较"的反复修炼体认、印证，再加之持之以恒地反复修炼。

太极字字解

搓、揉、捶、打于己、人，按、摩、推、拿于己、人，开、合、升、降于己、人，此十二字皆用手也。①

屈、伸、动、静于己、人，起、落、急、缓于己、人，闪、还、撩、了于己、人，此十二字于己气也，于人手也。②

转、换、进、退于己身、人步也，顾、盼、前、后于己目、人手也，即瞻前眇后、左顾右盼也，此八字关乎神矣！③

断、接、俯、仰，此四字关乎意、劲也。断接关乎神气也，俯仰关乎手足也。④

劲断意不断，意断神可接。劲、意、神俱断，手足无着落耳，则俯仰矣！俯为一叩，仰为一反而已矣！非断而复接不可。⑤

对待之字，以俯仰为重。时刻在心，身、手、足不使断之无接，则不能俯仰也！⑥

求其断接之能，非见隐显微不可。隐微似断而未断，见显似接而未接。⑦接接断断，断断接接，其意心、身体、神气极于隐显，又何虑不粘黏连随哉！⑧

题解

太极拳中，有关术语用字的解释，就是本文的本意。此文论述了"劲断意不断，意断神可接。劲、意、神俱断，手足无着落耳，则俯仰矣"的续接法式，并指出功夫艺境高者达到虚实相需、内外一而贯之的自动化攻防功夫境界，攻防拳势本就连而不断，自然不需续接之法了。为战胜对手，可以运用俯仰法式。

注解

①搓、揉、捶、打……皆用手也：

搓者，同挫字法，逆力揭掀之指法；揉者，随贴环转相随，而物难逃离之指法；捶者，攥拳如钉钉之拳法；打者，诸种攻击之方法；按者，手控腰攻之技法；摩者，二力合一，内外吃靠之法也；推者，手腕之力指上筲、单双掌外合推相应而动之法式；拿者，手指分筋错骨的技法；开者，开以开法打之的法式；合者，合以合法击之的法式；升者，揭掀之升举的手法；降者，劈砍之垂下降坠的法式。这十二个字指的都是自己、对方的运用手法。

②屈、伸、动、静……于人手也：

指内气外形匹配如一的静屈动伸、起落缓急、闪化还击、撩了之灵活便应无滞机，不防之防的运用之妙法。这十二个字是指自己的内气之运用的法式、对方的攻防手法。

③转、换、进、退……关乎神矣：

拧转、旋转者，交手换势者，攻防进退者，这三点内容是指自己的身法功夫，同时也指对方步法功夫的运用。左顾、右盼、瞻前、眇后，这四点内容是指自己的目视眼功，同时也指对方手法的运用内容。瞻前眇后、左顾右盼，这八个字关乎神以知来、智以藏往的随机应变之功夫。

④断、接、俯、仰……关乎手足也：

运用俯仰之法式，自可拳势断而续接。这四个字关乎意在人先、形随其后的运用能力，即起伏进退、得先者王的精义。能断而续接的内在机制内关乎神气的一气贯串的能力，外形俯仰关乎手足的上下相随功夫。

⑤劲断意不断……断而复接不可：

拳势劲虽断，意不断自然可以续接；意虽断，神不断自然亦可以续接。如果劲、意、神俱断，手足无着落，此时则必用俯仰法来续接，方可自救。俯为一叩，仰为一反，动作如此而已。不运用叩反的俯仰法式，拳势俱断又如何能复续接呢？如果不使用叩反的俯仰法式，非得具备断而能续接的能力不可。

⑥对待之字……不能俯仰也：

故太极拳术攻防之道的比武较技，是以俯仰法式为重要的攻防法式来修炼、运用的。如果在对待中，能够时时刻刻在心中观注着自己的身法、手法、步法三法合一的法式，不使其断之无接，则不至于运用俯仰法式。

⑦求其断接……似接而未接：

隐者，神气也；显者，外形也。见隐显微，就是虚实相需、内外一而贯之的功夫艺境。

要求得自身拳势的劲断意连、意断神连的自动化的续接之功能，非得有懂劲的知己知彼的能力不可。见隐是自己的拳势之神气似断而非断，一气贯串，静中有动；见显是自己拳势的外形似接而未接，连而无断，动中有静。拳势运使静而无静，动而无动，非无动无静，乃真动静也，明此是谓"见隐显微"的功夫，自可攻防动静变化明察秋毫了。

⑧接接断断……粘黏连随哉：

种种拳势攻防变化接接续续、续续接接，生生不已，滔滔不绝，势如长河，这就需要自身的神、意、气、劲、形、中内主外从的六合一统而又虚实相需、内外一而贯之的能力，这又何必顾虑粘、连、黏、随法的功夫不能运用自如呢？

太极节拿抓闭尺寸分毫解

对待之功，既得尺寸分毫于手，则可量之矣。[①]然不论节拿抓闭之手易，若节膜、拿脉、抓筋、闭穴，则难！非自尺寸分毫量之不可得也。[②]

节，不量，由按而得膜；

拿，不量，由摩而得脉；

抓，不量，由推而得筋；

拿闭，非量而不能得穴。由尺盈而缩之寸、分、毫也。[③]

此四者虽有高授，然非自己功夫久者，无能贯通焉！[④]

题解

这是一篇论述如何才能实施节膜、拿脉、抓筋、闭穴的手法以胜人的经典文章。其中，"拿脉"的同时又能"闭穴"之合用手法，最难实施，这需要明尺寸，达到分毫不差，还要有凭感觉觉知的功夫。这说明虽得明师所真传秘诀，还要自己在实践上下功夫，精心体悟。

注解

① 对待之功……可量之矣：

太极拳术比武较技的功夫，既然于手法中得到了运用拳势的尺、寸、分、毫功夫，则可称量对手的攻防拳势之远近、轻沉于毫厘之间而无差矣！此时，运用顺势借力之法自有准的，自然能引之使来，其不能不来；呼之使去，其不得不去！

② 然不论……不可得也：

然在此处不说节、拿、抓、闭之手法的容易掌握、容易实施，是因为修炼、运用出节膜的抓膜节之半死、拿脉的身脉拿之似亡、抓筋的单筋抓之筋断、闭穴的死穴闭之无生的具体手法，是困难的。这些手法的运用，非自尺、寸、分、毫的测量之法精确而不可得也！

③ 节，不量，由按而得膜……缩之寸、分、毫也：

节，不量，由按而得膜：节法，不用测量，由按法而能得膜以节之。膜之被节，动转不得，谓之半死（并非死亡之死，乃滞住不能动转之谓也）。

拿，不量，由摩而得脉：拿法，不用测量，由摩法而能得脉以拿之。此拿，乃神拿之谓也，即身未动已得人矣。

抓，不量，由推而得筋：抓法，不用测量，由推法而能得筋以抓之。被抓之，则筋脉之气血不能正常流通，身不由己，谓之筋断。

拿闭，非量而不能得穴。由尺盈而缩之寸、分、毫也：拿闭穴，则非测量而不能得穴。此测量准确无误的方法，就是由尺盈而缩致寸，由寸盈缩致分，由分盈再缩致毫，致毫厘功夫时，方可得拿闭穴无误矣！此闭穴之手法能控制对手的劲络，对手立时周身不能动转变化。

此四句诀言，说明节膜、拿脉、抓筋、闭穴等四种手法，是通过按、摩、推、拿四类手法的运用才得以实现的。前三种手法的实施，功深之人不用测量尺寸分毫就可有效；唯独闭穴，却是"非量而不能得穴"的。这说明了拿闭穴之手法的难度之大。

④ 此四者……无能贯通焉：

节膜、拿脉、抓筋、拿闭穴四种手法，虽有高手明师亲自口传秘诀、身授用法妙谛，但如果自己不如法修炼，使功夫精深，也是无法贯通之而运用自如的！

太极补泻气力解

补泻气力于自己难，补泻气力于人亦难。^①补泻自己者，知觉功亏则补，运动功过则泻，所以，求诸己不易也。^②补泻于人者，气过则补之，力过则泻之，此胜彼败，所由有然也。^③

气过或泻，力过或补，其理虽亦然，其有详夫过补为之过上加过，过泻为之缓他不及，他必更过也。^④

补气泻力于人之法，均为加过于人矣。^⑤补气名曰"结气法"，泻力名曰"空力法。^⑥

题解

以"太极补泻气力解"为题立意，这是借用传统医学理论，详细说明太极拳术的基本法则："不足者补之，有余者泻之。"正如王宗岳所言："虽变化万端，而理为一贯。"由此可知，太极拳术的攻防功夫，并没有半点虚假的神奇之说法，而是"诚之者，人道"，以至"诚者，天道也"的真攻防功夫艺境。实际上亦是"避实击虚"的法式，只不过功夫更为细腻。

注解

① 补泻气力于自己难，补泻气力于人亦难：

《太极拳经》中说："宾主分明，中道皇皇；经权互用，补短截长。"此诀中的"补短截长"，就是此文的于己健体、致用于人的补气泻力。太极拳术修炼之健体，即补气的建健之体，泻力的健顺之体，健顺和之至、太和一气的道之体，不是容易做到的，故曰：难。至用时的补气使之结、泻力致其空，亦是不容易做到的，故亦曰：难。

② 补泻自己者……求诸己不易也：

修炼时，自己听探之良知、顺化之良能及其相互为用的知觉功夫不足，则用补气法补之；顺化之良能的功夫若过，自然要用泻力法来泻了。所以说：求诸己不是件容易的事。

③ 补泻于人者……所由有然也：

至用时运用补法于人者，气过则补之；运用泻法于人者，力过则泻之。实施此法者胜而彼必败，所运用的是使其"过上加过"的必然规律呀！

④ 气过或泻……他必更过也：

还有对方气过或用泻法，力过或用补法，亦遵循使其"过上加过"的必然规律。还有详细的彼过则用补法，谓之"过上加过"。彼过乃用泻法，运用的是"缓他不及"的必然规律。

⑤ 补气泻力于人之法，均为加过于人矣：

总而言之，补气泻力运用于人的方法，均可认为是加过于人的法式。

⑥ 补气名曰"结气法"，泻力名曰"空力法：

于己于人的补气法名曰"结气法"，泻力法名曰"空力法"。

卷四

杨谱：清代杨氏传钞老谱（四）

太极空结挫揉论

有挫空、挫结，有揉空、揉结之辨。挫空者，则力隅矣！挫结者，则气断矣！揉空者，则力分矣！揉结者，则气隅矣！[①]

若结揉挫则气力反，空揉挫则气力败。[②]结挫揉则力胜于气，力在气上矣；空挫揉则气盛于力，气过、力不及矣！[③]挫结揉、揉结挫皆气闭于力矣！[④]挫空揉、揉空挫皆力凿于气矣！[⑤]

总之，挫结、揉空之法，亦必由尺寸分毫量，能如是也！不然，无地之揉挫，平虚之灵结，亦由何而致于哉！[⑥]

题解

此文详细分析介绍了挫空、挫结，揉空、揉结，结揉挫、空揉挫，挫结揉、揉结挫，挫结揉、揉结挫诸法实施的技术要领及补泻法式的功能，指明了内气、外形气力在攻防中的各自功能及其所应具备能力之原因。此篇文章是太极拳谱中上上选精品学术论文之一，故而凡修炼者万万不可忽视之。

注解

① 有挫空……则气隅矣：

挫者，遏制之谓也，就是运用逆力揭掀的方法。遇顶力而实施挫法使其空空的方法，谓之挫空，因其力盛故而用泻法以空之。刚发他力前的补结方法，谓挫结法。随贴环转相随，如遇对方的顶抗之力，再运用随贴环转方法以泻对手的力气，谓之揉空。运用随贴环转相随，对方欲出意气以进之，在其萌芽阶段运用随贴环转以补结其意气的方法使之僵滞，谓之揉结。这就是太极拳术攻防补泻技法中挫空、挫结、揉空、揉结四种基本法式，用时当分辨清楚。

技术方法的特点是：挫空，是以逆力法式，瞬间空之，能造成对方的力偏于一隅而落空。挫结，是刚发他力前的补结之方法，使其气力断而不能续接也。揉空者，运用随贴环转之方法以泻对手的力气，则对手的攻击力自然分散，从而对自己形不成威胁。揉结者，运用随贴环转以补结其意气的方法使之僵滞，则对方的意气淤滞于身内某个角落不能伸展。

②若结揉挫则气力反，空揉挫则气力败：

假如运用补结法而以揉搓法实施，则对方的气力反倒成为威胁其自身安全的劲势了。若运用泻力法而以揉搓法实施，则对方攻击的气力落空而自败！

③结挫揉……力不及矣：

结挫揉的法式，是自己的力胜于彼之气，力在气上；空揉搓的法式，则是自己的气盛于彼之力，乃气过力不及。

④挫结揉、揉结挫皆气闭于力矣：

实施挫结揉、揉结挫的方法，皆是运用内气闭塞其力使其淤于身内一隅的法式。这正是拳诀"拳有寸隔，粘衣便亡"所指明的精义。

⑤挫空揉……凿于气矣：

挫空揉、揉空挫的方法，皆是挫法之力，或先或后破坏对方内气运行的法式，故曰："力凿于气。"

⑥总之……由何而致于哉：

总之，挫空、挫结，揉空、揉结或结揉挫、空揉挫，挫结揉、揉结挫，挫结揉、揉结挫诸法的实施，必由尺寸分毫的测量法中得之，方能在较技中，如是做到准确无差。不然，无地实施揉搓的方法，又如何能灵动地造成对手的气结、力泻而使其落败呢?

懂劲先后论

夫未懂劲之先，常出顶、匾、丢、抗之病；既懂劲之后，恐出断、接、俯、仰之病。然未懂劲，故然病出；劲既懂，何以出病乎？[①]

缘劲似懂未懂之际，正在两可，断接无准矣，故出病；神明及犹不及，俯仰无着矣，亦出病。若不出断接俯仰之病，非真懂劲，不能不出也！[②]

胡为"真懂"？因视听无由未得其确也，知瞻眇顾盼之视觉，起落缓急之听知，闪还撩了之运觉，转换进退之动知，则为真懂劲！则能阶及神明；[③]及神明，自攸往有由矣！有由者，由于懂劲，自得屈伸动静之妙；[④]有屈伸动静之妙，开合升降又有由矣！由屈伸动静，见入则开，遇出则合；看来则降，就去则升。夫而后逸为真及神明矣！[⑤]

明也，岂可日后不慎行坐卧走、饮食溺溷之功？是所谓及中成、大成也哉！[⑥]

题解

修炼攻防之道，自有次第进阶顺序。此文论述了中成的气、意拳懂劲，大成的神拳神明，攻防功夫艺境的修炼、致用，着重指出真懂劲所具备的"知瞻眇顾盼之视觉，起落缓急之听知，闪还撩了之运觉，转换进退之动知"四条基本内容。修炼太极拳术攻防之道者，可以依照这四条内容来检查自己是否达到此论之标准，以此可知自己是否真懂劲了。

注解

① 夫未懂劲之先……何以出病乎：

小成的形拳招熟之攻防功夫艺境，称之为未懂劲之先，故而常出现顶、匾、丢、抗的毛病，这属于正常现象。懂劲之后，恐怕会出现断、接、俯、仰的毛病。既然懂劲了，为什么还会出现病拳呢？

② 缘劲似懂未懂……不能不出也：

缘于劲似懂未懂之际，正在两可之间，断接还没有准头，故容易出现过与不及的毛病；只是神知，未及神明的艺境，俯仰没有着落，亦容易出现病拳的现象。想要不出现断、接、俯、仰之毛病，除非是真懂劲；否则，不能不出毛病。

③ 胡为"真懂"？……则能阶及神明：

什么是真懂劲呢？听探顺化及其相互为用的功能尚未达到真实无妄的艺境，故而不能算是真懂劲。瞻前眇后、左顾右盼之觉知，审察对方拳势起落缓急之听知，自己拳势的闪化、还击之变化的运觉，转换进退之动知，上述四条内容做到了，方为真懂劲了，也就是能够知彼知己了！由此继续修炼，则能达到阶及神明的艺境。

④ 及神明……得屈伸动静之妙：

由懂劲阶及神明，就可以无往不利了！这是因为由于懂劲及至神明艺境，自然达到攻防拳势之屈伸动静的自动化的妙用艺境。

⑤ 有屈伸动静……及神明矣：

有了攻防拳势之屈伸动静的自动化之妙用、拳势攻防的开合升降之法式，应物自然也就有了根由。由拳势外形、屈伸动静之运用来看，见到对手入进则形开，遇到对手退出则形合。由拳势内劲的匹配来看，看到对手进来则内劲降，就着对手退去则内劲升。如果从攻防拳势的内劲、外形匹配合观之，就是：见到对手入进则形开，配以内劲降；遇到对手退出则形合，配以内劲升。这就是内气外形阴阳逆从、劲形反蓄的暗劲法式。充分掌握了内气外形阴阳逆从、劲形反蓄的暗劲法式而精熟之以后，才能真正阶及神拳神明的艺境。

⑥ 明也……大成也哉：

溺溷：溺者，同"尿"，此处喻小便；溷者，音混，污秽解，此处喻大便。

既然达到神拳神明的艺境，就要在今后的行坐卧走、起居饮食、大小便时，谨慎而为，不得妄行。这正是十年练拳、十年养气的"十二时辰不昧主人翁"以养为练的宗旨。上面所论述的，涉及中成的气、意拳懂劲，大成的神拳神明攻防功夫艺境的修炼、致用的内容，运用的是不修而修、不练而练、无争为争的无为法式。

尺寸分毫在懂劲后论

在懂劲先，求尺寸分毫为之小成，不过末技武事而已！所谓能尺于人者，非先懂劲也。①如懂劲后神而明之，自然能量尺寸。尺寸能量，才能节、拿、抓、闭矣！②

知膜、脉、筋、穴之理，要必明存亡之手，要必明生死之穴。其穴之数，安可不知乎？③知生死之穴数，乌可不明闭而不生乎？乌可不明闭而无生乎？是所谓二字之存亡，一闭之而已尽矣！④

题解

此论说明，实施节、拿、抓、闭诸种巧妙手法的尺、寸、分、毫无差的能力须在懂劲以后。明尺寸分毫后，还要明白生死存亡的手法，能够以内劲闭穴而自救时，便是明白存亡手的时候。

注解

① 在懂劲先……非先懂劲也：

在懂劲前，形拳招熟、攻防功夫层次所求的施招用手、施手用招，利用尺寸分毫测距，是小成功夫。说其是小成功夫，因为形拳招熟不过是末技武事中的事情而已。所谓具备以尺寸测距来施招用手、施手用招而有准的，并非是先懂劲了！

② 如懂劲后……节、拿、抓、闭矣：

如果懂劲后神而明之，自然能在施招用手、施手用招的过程中，忖量尺寸分毫不差，实施节膜、拿脉、抓筋、闭穴而得心应手。此闭穴二字所指，乃周身劲道的关键部位被人点拿住则浑身有力却不得运使，并非传说中的"点穴"。

③ 知膜、脉、筋、穴……安可不知乎：

知道"节，不量，由按而得膜；拿，不量，由摩而得脉；抓，不量，由推而得筋；拿闭，非量而不能得穴。由尺盈而缩之寸、分、毫也"的用法及道理，还要明白存亡的攻防手法，明白人身中的生死之穴的位置。其中生死之穴位的数量，又怎么可以不知道呢？正如老子所云："知不知，尚也；不知知，病也。圣人不病，以其病病。"这里的生死穴，并非指医家的针灸穴位。而是指拳家所用的周身劲道的关键部位。所谓存亡之手，是对双方而言：对方实施节、拿、抓、闭的诸种手法，自己如何解脱；

反之，自己给对方实施节、拿、抓、闭的诸种手法，对方如何解脱。凡不能解脱者，必败无遗，是名死手、亡手；凡能解脱者，是名生手、存手。

④ 知生死之穴数……而已尽矣：

知道了生死穴之数，怎么会不明白拿闭穴位而不生的道理、方法、准则呢？又怎么能不明白拿闭穴位而无生机的道理、方法、准则呢？这就是"生死"二字之存与亡的道理，"一闭之而已尽矣"！所谓一闭之，就是"生我天门死我户"，指同一个位置。当对手实施节、拿、抓、闭封闭我之劲道关键处，我之内劲转移便可自救于即时。

口授穴之存亡论

穴有存亡之穴，要非口授不可，何也？一因其难学，二因其关乎存亡，三因其人才能传。①

第一，不授不忠不孝之人；②

第二，不传根底不好之人；③

第三，不授心术不正之人；④

第四，不传鲁莽灭裂之人；⑤

第五，不传目中无人之人；⑥

第六，不传无礼无恩之人；⑦

第七，不授反复无常之人；⑧

第八，不传得易失易之人。⑨

此须知八不传，匪人更不待言矣！⑩

如其可以传，再口授之秘诀。传忠孝知恩者，心气和平者，守道不失者，真以为师者，始终如一者。⑪此五者，果其有始有终、不变如一，方可将全体大用之功授之于徒也。[12]

明矣，于前于后，代代相继，皆如是之所传也。噫，抑亦知武事中无有匪人哉![13]

题解

这是一篇论述传承的文章，旨在说明全体大用的功夫不能轻易传授；否则，传与不当传之人乃丢艺，当传之人不传则丢人。至于何人当传、何人不当传，只有传艺之人自己把握了。古人有"宁可不传，不能乱传"的训导。

注解

① 穴有存亡之穴……因其人才能传：

穴位分生存之穴、死亡之穴，然要点诀言非口传不可知之，这是什么原因呢？一是因为难以学成，难在懂劲以后，在达到神拳神明的攻防功夫艺境的时候，才能够开始传授；二是因为关乎人的生死存亡；三是因其人能传，才可以传授。否则，便不能传之。由于此三个条件的约束，节膜、拿脉、抓筋、闭穴的全体大用之攻防技法功夫流传不广。

② 不授不忠不孝之人：

不能够传授给不忠于国家、民族，不孝敬父母双亲的人，这样的人属于极端自私的人，为了其个人的利益，任何卑鄙的事情都能做得出来。

③ 不传根底不好之人：

不传授给品性根底不好的人，因为其容易肇事生非，造成麻烦事端。

④ 不授心术不正之人：

不传授给追求名利而心术不良的奸诈之人，因为其拨弄是非、挑拨离间，属于无情无义之类。

⑤不传鲁莽灭裂之人：

不传授给性情鲁莽、做事轻率、藐视宗祖而搞分裂之人，因其成事不足，败事有余。

⑥不传目中无人之人：

不传授给目中无人之人，因为此种人多无大志，对人又无真实情感。

⑦不传无礼无恩之人：

不传授给没有礼仪教养、不知恩图报之人，此种人多为恩将仇报的反复小人。

⑧不授反复无常之人：

不传授给意志不坚强而又反复无常之人，此种人不尊师道。

⑨不传得易失易之人：

不传授给得到容易而失之亦必容易的人。

⑩此须知八不传，匪人更不待言矣：

此是习拳者必知的八不传。无事生非的歹人、匪类更不待言之了。

⑪如其可以传……始终如一者：

如果经品评考验，所收徒弟为可以传授者，再口授之秘诀、身授其真谛，以成其才。总之，传给忠孝知恩者、心气平和者、守道不失者、真以为师者、始终如一者。

⑫此五者……授之于徒也：

此五者，果其有始有终、不变如一，方可将全体大用之功授于此徒。何谓全体大用？大者，自己的法身道体；用者，明生死存亡之道。何独指技击之功夫也！

⑬明矣……无有匪人哉：

明矣，懂劲前和懂劲后，所修炼的内容不同！太极拳术攻防之道于前代传来，承接于己，再传之于后来之人，世世代代相继，皆如是而传。噫，这就知道武事中根本就没有匪人的根源了。

太极指掌捶手解

自指下至腕上，里者为"掌"；五指之首为之"手"；五指皆为"指"；五指卷裹，其背为"捶"。①

如其用者，按、推，掌也；拿、抓、揉、闭，俱用指也；挫、摩，手也；打，捶也。②

夫捶有"搬拦"，有"指裆"，有"肘底"，有"撇身"，四捶之外有"覆捶"。③掌有"搂膝"，有"换转"，有"单鞭"，有"通背"，四掌之外有"串掌"。④手有"云手"，有"提手"，有"合手"，有"十字手"，四手之外有"反手"。⑤指有"屈指"，有"伸指"，有"捏指"，有"闭指"，四指之外有"量指"，又名"尺寸指"，又名"觅穴指"。⑥

然指有五指，有五指之用。手指为手，仍为指，故又名"手指"。⑦其一、用之为"旋指"、"旋手"；其二、用之为"根指""根手"；其三、用之为"弓指""弓手"；其四、用之为"中和指""中和手"；⑧四手指之外，为"独指""独手"也。食指为"卞指"，为"剑指"，为"佐指"，为"粘指"。中指为"心指"，为"合指"，为"钩指"，为"抹指"。无名指为"全指"，为"环指"，为"代指"，为"扣指"。小指为"帮指"，为"补指"，为"媚指"，为"挂指"。若此之名，知之易而用之难，得口诀秘方亦不易为也。⑨

其次，有"如对掌""推山掌""射雁掌""亮翅掌"；"四闭指""拗步指""弯弓指""穿梭指"；"探马手""弯弓手""抱虎手""玉女手""胯虎手"；"通山捶""叶下捶""背反捶""势分捶""卷挫捶"。⑩

再其次，步随身换，不出五行，则无失措矣！因其粘、黏、连、随之理，舍己从人，身随步自换。只要五行之舛错，身形脚势出于自然，又何虑些须之病也！⑪

题解

此篇专题论述自身的"指、手、掌、捶"诸法的名称来源及运用方法要领。此文应当与太极拳套路具体攻防招法中的"指法、手法、掌法、捶法"相互结合研究，再参照师父所口传身授的秘诀精义，得其妙用不难矣！

注解

① 自指下至腕上……其背为"捶"：

自手指下至手腕上，里面名之曰"掌"；五指之首要的功能名之曰"手"，以手的用法名之曰"手法"；五个手指皆名之曰"手指"；五指卷裹，其背名之曰"捶"。

② 如其用者……捶也：

如果论说掌、手、指、捶的各种用法，那就是：按法、推法，都是运用掌法来完成的；拿脉、抓筋、揉膜、闭穴，都是运用指法来完成的；挫结、挫空，揉结、揉空的方法，都是运用手法来完成的；打法，都是运用捶法来完成的。

③ 夫捶有……有"覆捶"：

太极拳的捶法有：搬拦捶、指裆捶、肘底捶、撇身捶，四捶之外还有"覆捶"，亦名"盖捶"，俗名"砸捶"。

④ 掌有"搂膝"……外有"串掌"：

太极拳的掌法有：搂膝掌、换转掌、单鞭掌、通背掌，四掌之外还有"串掌"，又名"穿掌"。

⑤ 手有"云手"……外有"反手"：

太极拳的手法有：云手法、提手法、合手法、十字手法，四手之外还有"反手法"。

⑥ 指有"屈指"……又名"觅穴指"：

太极拳的手指用法有：屈指法、伸指法、捏指法、闭指法，四指之外还有"测量指"法，又名"尺寸指"法，又名"觅穴指"法。

⑦ 然指有五指……又名"手指"：

手指有五指之分别，就有五指的分别用法及相应的名称。手指为手法的内容之一，仍为指法，故又名"手指"法。

⑧ 其一……"中和手"：

手指的用法分为四种类型：其一，任何一指皆可定为顺逆旋转的手指，名之曰"旋指"，常以食指为旋指。以任何一指之顺、逆旋转领带手之旋转，名之曰顺、逆旋转手法的"旋手"；其二，任何一指皆可定为顺逆旋转、起落之根指，名之曰"根指"，以任何一指之顺、逆旋转之根指领带手之旋转、起落，名之曰顺逆旋转起落手法的"根手"；其三，任何一指之伸缩，名之曰"弓指"，通常以中指为弓指，弓指伸缩领带手之伸缩起落，名之曰伸缩起落手法的"弓手"；其四，任何调解自身与对方之中和的手指，名之曰"中和指"，以中和指调解自身与对方之中和的手法，名之曰"中和手"。以上论述了指法、手法和身法、攻防招法及其与对方的种种关系和变化根源，在于指法的变化运用。

⑨ 四手指之外……不易为也：

除四种手指引领的手法之外，单独指法用法为"独指"、单独手法用法为"独手"。

卷四　杨谱：清代杨氏传钞老谱（四）

如大拇指为主指、按指，"食指为'卞指'，为'剑指'，为'佐指'，为'粘指'"：如食指为旋指，指肚上旋为顺缠，指肚下旋为逆缠；指挥剑器运行的手指，名之曰"剑指"；上可辅佐拇指以建功，下可辅佐中指以定位，又名之曰"佐指"；其运用以轻灵之粘法为特长，故而名之曰"粘指"。

"中指为'心指'，为'合指'，为'钩指'，为'抹指'"：中指位于五指正中心，为手法枢机，故名之曰"心指"；上和母、食指之意，下和无名、小指之用，故又名之曰"合指"；钩取最得力，故而名之曰"钩指"；擦脂抹粉、抹眉点眼其最擅长，故又名之曰"抹指"。

"无名指为'全指'，为'环指'，为'代指'，为'扣指'"：无名指的功能较为全面，故名之曰"全指"；其形如环可代钩而用，故名之曰"环指"；上可代中指如钩之用，下可代小指如挂指用，故名之曰"代指"；其性属金，扣人腕部如拷人般使人不易脱出，故而名之曰"扣指"。

"小指为'帮指'，为'补指'，为'媚指'，为'挂指'"：小指常常辅助无名指的"扣、环指"之功能，故名之曰"帮指、补指"；其能掏耳屎、挠痒痒，故名之曰"媚指"；其能钩挂对方的挂劲，其它手指皆不如它，故名之曰"挂指"。

若此之名，知之易而用之难，得口诀秘方亦不易为也：上述种种指法之名称，知之容易，片刻功夫就可以背会了；然而种种指法要能在较技中运用自如而有效果，可就困难得多了。即使得到口传秘诀、身授窍要之真谛，这些技巧亦不容易掌握，这需要实践的不断反复印证方能有所真得。

⑩其次……"卷挫捶"：

其次还有"如对掌""推山掌""射雁掌""亮翅掌"，"四闭指""拗步指""弯弓指""穿梭指"，"探马手""弯弓手""抱虎手""玉女手""胯虎手","通山捶""叶下捶""背反捶""势分捶""卷挫捶"等。

⑪ 再其次,步随身换,……又何虑些须之病也:

再其次,步随身换,如果不出进、退、顾、盼、定五行步法的规矩范围,则变化无失且可见境生情地施用及时应变措施!因为实施粘黏连随的方法是舍己从人的无为法式,身随步换乃达到自动化的转换能力。只要五行步法运行得当,身形脚势处于自然而然的能力中,又何必顾虑些许无关大体的小毛病呢?

大小太极解

天地为一大太极,人身为一小太极。人身为太极之体,不可不练太极之拳。本有之灵而重修之,良有以也。①

人身如机器,久不磨而生锈,生锈而气血滞,多生流弊。故人欲锻炼身体者,必先练太极最相宜。②

太极练法,以心行气,不用浊力,纯任自然。筋骨鲜折曲之苦,皮肤无磋磨之劳。③不用力何能有力?盖太极练功,沉肩坠肘,气沉丹田。气能入丹田,为气总机关,由此分运四体百骸,以气周流全身,意到气至。练到此地位,其力不可限量矣!④

此不用拙力,纯以神行,功效着矣!先师云:"极柔软,然后极坚刚",盖此意也!⑤

题解

本文旨在动员人们修炼太极拳术攻防之道以健身强体,阐明修炼太极拳术攻防之道是恢复自身与生俱来的听探之良知、顺化之良能及其相互为用的最佳方法，申明以心行气、纯以神行的法则、功效最为显著。此外，进一步说明修炼传统拳术攻防之道的价值所在，同时亦表明修炼传统拳术攻防之道乃人习以为常之事，再一次申明修炼传统拳术攻防之道乃贯串人类活动的始终之事。

注解

① 天地为一大太极……良有以也：

天地为一大太极，而人之自身乃一小太极，亦称一小天地：内气为天，外形为地；内气健之体也，外形顺之体也，健顺和之至，道也！名之曰太极。故曰：人身为太极之体，所以，不可不练"太极"之拳。修炼太极拳就是恢复与生俱来的听探之良知、顺化之良能及其相互为用的灵性。人于识开之后再重修这样的功夫，以成"文兼武全将相身"的济世之才。

② 人身如机器……练太极最相宜：

人身本就是一架生命的机器，久不运动则气血瘀滞，生理功能衰退而多生流弊。故而，人欲锻炼身体，必优先选择修炼太极拳术攻防之道。因为太极拳修炼乃"直养自然先天之能力，在神为非人力也。无害者乃顺生机之自然，去其害生机者也。养至真息圆满，百慧丛生，永生无灭。小可经纶，大可赞誉天地，故曰则塞于天地之间"。

③ 太极练法……无磋磨之劳：

太极拳术攻防之道的修炼方法，乃"以神为主，以心行气，以气为充，形从则利"，不用拙力，纯任自然之力。没有弯腰抻腿之筋骨折曲之痛苦，皮肤没有打桩、拍物的磋磨之劳苦。正所谓："直养自然先天之能力，在神为非人力也。"

④ 不用力……不可限量矣：

或问曰：不用力何能有力而制人？这是因为太极拳术攻防之道修炼的是"太和一气"的真功夫。这需要沉肩坠肘、气沉丹田地炼精化气。心气能入丹田而炼精化气，故而丹田为真气外发、内收往来运行总机关。内气由丹田分运到四肢百骸，以气周流全身，意到气到。正如前贤所云："夫气起于丹田，升于泥丸，降于背，入于肩，流于肘，抵于腕，至十指尖，此气之上贯也。气生丹田，入于两肾间，降于涌泉，此气之下贯也。气随心到，心逐气穿，心能普照，气自周全，久而力自加焉。"修炼到此地位，其力不可限量，亦如前贤所云："式如行云流水，无停无滞，瞬息存养，动静清轻而灵，入手神妙，可以进退如意、形无定门，非斜非横，忽高忽蹲。功夫到此，可谓通真。"

⑤ 此不用拙力，纯以神行……盖此意也：

式如行云流水，无停无滞，乃太和一气流行不用拙力的象征。动静清轻而灵，入手神妙，可以进退如意、形无定门，功夫到此，可谓通真，乃纯以神行的显著功效！正如先师所言：极柔软，然后极坚刚也。这就是健顺和之至、太和一气之真功夫之意，即外形极柔软而内劲极坚刚，柔软之轻灵如羽不受人力、无所不容，坚刚之势无形无象、无所不入、无坚不摧。

十不传

一不传外教，①
二不传不知师弟之道者，②
三不传无德，③
四不传收不住的，④

五不传半途而废的，⑤

六不传得宝忘师的，⑥

七不传无纳履之心者，⑦

八不传好怒好愠者，⑧

九不传外欲太多者，⑨

十不传匪事多端者。⑩

题解

这又是一篇论述传承的文章，主要说明太极拳术攻防之道的功夫不能轻易传授。此论说明了"师访徒三年"的诀言。

注解

① 一不传外教：

在当时，这条应当遵守。而今武术纳于体育项目之内，为了传播、传承民族文化，只要是友人，皆可传授。

② 二不传不知师弟之道者：

不能传授给不知尊师爱友、不懂孝悌之道的人。

③ 三不传无德：

不能传授给没有道德教养的无德之徒。

④ 四不传收不住的：

不能传给接收不住的人。

⑤ 五不传半途而废的：

不能传给半途而废的人，因为徒劳而无功。

⑥ 六不传得宝忘师的：

不能传给得宝忘师之辈。

⑦ 七不传无纳履之心者：

不能传给不热心助人之人，即没有济世之心的人。

⑧ 八不传好怒好愠者：

不能传给好怒气汹汹而又爱使脸色的人。

⑨ 九不传外欲太多者：

不能传授给外面之欲望太多及贪婪的人。

⑩ 十不传匪事多端者：

不能传授给品性恶劣、肇生事端的人。

牛谱：牛连元转授之杨氏九歌

太极拳之真传秘要歌诀

题解

此"太极拳"指"三十七式太极拳",实际上包括世间流传的所有太极拳拳种。

"真传秘诀"包括"全体大用秘传歌诀""十三字行功歌诀""十三字用功歌诀""八字法诀(七言八句)""虚实诀(七言八句)""阴阳诀(七言八句)""乱环诀(七言八句)""十八在诀(四言十八句)""五字经诀(五言二十句)""太极拳真传秘法五要诀",共十项内容。

全体大用秘传歌诀

太极拳法妙无穷,掤捋挤按雀尾生。①

斜走单鞭胸膛占,回身提手把着封。②

海底捞月亮翅变,挑打软肋不容情。③

搂膝拗步斜中找,手挥琵琶穿化精。④

贴身靠近横肘上,护胸反打又称雄。⑤

进步搬拦肋下使,如封似闭护正中。⑥

十字手法变不尽,抱虎归山採挒成。⑦

肘底看捶护中手,退行三把倒转肱。⑧

坠身退走扳挽劲,斜飞着法用不空。⑨

海底针要躬身就,扇通臂上托架功。⑩

撇身捶打闪化式,横身前进着法成。⑪

腕中反有闭拿法，云手三进臂上攻。⑫
高探马上拦手刺，左右分脚手要封。⑬
转身蹬脚腹上占，进步栽捶迎面冲。⑭
反身白蛇吐信变，採住敌手取双瞳。⑮
右蹬脚上软肋踹，左右披身伏虎精。⑯
上打正胸肋下用，双锋贯耳着法灵。⑰
左蹬脚踢右蹬式，回身蹬脚膝骨迎。⑱
野马分鬃攻腋下，玉女穿梭四角封。⑲
摇化单臂托手上，左右用法一般同。⑳
单鞭下式顺锋入，金鸡独立占上风。㉑
提膝上打致命处，下伤二足难留情。㉒
十字腿法软骨断，指裆捶下靠为锋。㉓
上步七星架手式，退步跨虎闪正中。㉔
转身摆莲护腿进，弯弓射虎挑打胸。㉕
如封似闭顾盼定，太极合手式完成。㉖
全体大用意为主，体松气固神要凝。㉗

题解

"全体大用"是说三十七式太极拳拳术招式套路的演练，内中包含"体"和"用"。太极拳的"体"，是"健顺合之至，太和一气，道也"的攻防机体以及攻防的机制秩序。太极拳的"用"，即攻防施手用招、施招用手的基本法则。它驭静以动，以静用动，动静互为其根；阴收阳发，阴守阳攻，阴阳迭神其用；体现的是以静制动的"顺随以为进退的四两拨千斤，逆力以为揭献的借力打人"的攻防技术。

三十七式太极拳攻防招式的实施，存在小成形拳招熟的艺境，中成气、意拳懂劲的艺境，大成神拳神明艺境，三个不同攻防层次。而这"全体大用诀"是论述小成形拳招熟艺境的，涉及的每个攻防招式，都贯彻落实着"五步八法十三势"的内容。五步者：进、退、顾、盼、定；八法者：掤捋挤按、採挒肘靠。在诠释具体攻防招式的用法上，都以手法、步法、身法的用法来描述，也只有这种描述方法才能将"全体大用诀"的具体攻防招式、曲化直发的基本运用方法阐述清楚，才能将太极拳体用内容论说明白。

注解

① 太极拳法妙无穷，掤捋挤按雀尾生：

太极拳法的修炼、运用的基本法则乃"建德体，至道用"，具有健身、技击的功德艺境并行不悖的风格、特点。在修炼上，崇道尚德，尚巧不尚力，可以催僵求柔，改变人的气质；在运用上，顺势借力，以巧劲妙手制胜。故而其拳势攻防生生不已，源源不断，滔滔不绝，内外虚实相需一而贯之。

"揽雀尾"一式全凭手臂、步法、身法的顺随变化，蕴藏掤捋挤按四个攻防动作，及捋带、挤法靠发、按法腰攻三种技击方法，可使对手跌翻以制胜。这是四正法的起手"揽雀尾"式运用的典型特点：起手便能制胜。

② 斜走单鞭胸膛占，回身提手把着封：

按照攻防招法运用来理解：如果对方用左手顺步直拳迎我胸打来，我急以右手钩挂来手腕部，以黏连劲势化解其攻势，同时进左步踏彼中门、以左手立掌击打彼之胸膛，这就是"斜走单鞭胸膛占"的基本用法。如果对方用左手顺步直拳迎面打来，我急以右手上拦对方手腕里侧部位，以黏连劲势化解其攻势，同时进左步踏彼中门、以左手立掌击打彼之面门，此亦是"单鞭手"的用法。古有"左右单鞭任意行"的说法，由此可知"单鞭手"乃左右起手常用的手法之一，是连顾带打、以守为攻、反客为主之运用法式。

斜走，是"斜行步法"。斜行上步的落脚点极为讲究：落脚在彼中门位置，远可发拳掌、近可靠击、不远不近屈肘攻打，皆可制胜。能见境生情变通运用者，谓之"落步有眼"。此是实施"单鞭手"制胜的根本，正是拳诀"手打三分脚打七"的精义之体现。

对方顺步左拳击打我胸部而来，我急回左半身，用左手反提对方左肘外部，封住对方进攻之势，同时进右步双手成虎扑式，扑击对方左肋胸部位，即可制胜。此招式运用的关键，是闪化、反提、防守、进步变为虎扑，攻击一气呵成，具有迅雷不及掩耳之势。这就是"回身提手把招封"的"提手上式"中"上式"所蕴涵的攻法之精义。此招法运用之妙，在于"先退而后进"，体现了"进退"法的灵活运用。

③ 海底捞月亮翅变，挑打软肋不容情：

海底针式存在两种基本用法，一是海底捞月式抄对方之腿的用法，一是海底针式的俯肩靠法（又名七寸靠）。

海底捞月式：腰为一身之中枢，腰劲为全身灵活变动的枢纽。在对方运用脚法踢来的瞬间，疾速俯身捞抄对方来腿，同时上步起另一手变成"白鹤亮翅"的招式，将对方打翻。

海底针式：在对方运用脚法踢来的瞬间，疾速进步、俯身，手做捡物状，俯肩靠击对方的胸腹肋部位，即可制胜。如果对方缩步闪过，复进步起手臂挑打彼之软肋，不容对方有任何喘息的机会。

挑打软肋是"白鹤亮翅"的用法之一，亦可通过手法的微妙变化挑打对方脖颈、胸部、面部等部位以制胜。

亦可采取巧妙应接对方手臂的方法，攻击彼之软肋以制胜。

如：对方以右手拳掌迎头打来，我斜进左步运用左手小臂疾向上迎挑之，在挑架的同时，出右手直拳击打对方的软肋部位，动作疾速敏捷，使对方来不及还手而被击出跌翻。

④搂膝拗步斜中找，手挥琵琶穿化精：

对方运用手法攻击小腹，或运用腿法踢来，踢来之腿高不过膝时，我急速屈身以手从内向下、向外"搂"之。搂时要"大搂"。所谓"大搂"，是指上护着上身正面，兼顾着膝下的防御法式。在运用搂法的时候，对方亦同时向我胸腹、头面打来，故而不能单纯运用防御脚踢的手法，而是要在运用一手搂迎对方来势时，同时发出另一手直奔对方的胸部击去。因为拗步路线是斜上方位的进步法，故而手法要在触及胸部的斜方位中找到对方受击之"脊椎实中"的位置，发之必中。"斜中找"正击的方法能轻易使对方失去重心，被击跌出，此是"斜中找"的精华所在。

手挥琵琶，是起手反关节，继而实施穿手，化解对方的防守反击，是一种运用扑击的方法战胜对手的法式。拳诀云："好汉怕三穿"，说的就是"手挥琵琶穿化精"的不撄人之力，表现的是穿手用法巧妙。

如对方以右手向我的正胸打来，我微进左步起双手，左手掌在前拍击彼之右肘外侧，同时右手掌拍击彼之右腕内侧，左右两手掌同时拍击到位，此乃手挥琵琶式反关节的用法。用法轻灵敏捷，彼必不能化解。如果对方在我双手实施手挥琵琶式的反关节法式已接未触的瞬间，运用松沉右手臂的方法化解，同时左手掌击我面门而来，我就势顺势再微进左步，左手下按彼之右肘弯，右手上穿起直接扑击对方的面门，彼受此穿掌的扑击，必跌翻而败矣！此穿掌采用"不招不架，就打一下"的用法，故以"穿化精"喻之。之所以能连续施招以制胜，在于步法的及时调整与上步到位。

⑤贴身靠近横肘上，护胸反打又称雄：

攻防手法的实施，极为讲究"手为头外门，肘为内二门，肩为内三门"的三门连击用法，故知，三门的手、肘、肩虽然是三个门户、三道防线，同时又是出奇制胜的三支奇兵。拳诀云："远拳近肘贴身靠"，是说"远了拳击，近了靠跌，不远不近，肘打膝冲"。这是运用三门法的三支奇兵攻防的基本法式。也就是说，当我进攻到对方的二门内，或对方进攻到我的二门内，就要运用肘击的方法胜之；当我进攻到对方的三门内，或对方进攻到我的三门内，就要及时地运用胯、肩、腹肋的靠击法胜之。

例如：当我运用双手将带对方的手和臂时，对方乘我之劲势，进步俯肩向我胸部靠击，他的劲势是直线向前的或者说是"竖劲"。我运用屈肘左右横击，是采取横线运行的横劲，这样，对方所来的竖劲落空，又遭到我的横劲击打，必败矣！这在太极拳八法中占了一个"肘"字。

护中反打是运用肘法，拳法相互变化的复合用法。此法和横肘运用方法迥然不同。例如：我右手和对方右手接触，以左手从右手腕下拨迎对方的右手腕里侧，同时进步，以右肘尖向对方胸部冲顶击打；对方必用左手推按我的肘部。此时我用左手从自己肘后摘拿对方左手腕，同时右肘稍微里合，以右手反背捶劈砸对方面门；或左手由自己右手臂上出，扳压对方左手腕，同时右手臂稍微抽撤下旋，右手以右肘尖为轴心，急甩右拳做圈形，由自己胸前翻出，向对方面门劈砸进击。

在上述这两种接手进肘、护中、反打的方法又称为"雄打"法式，即英雄打的法式。

⑥进步搬拦肋下使，如封似闭护正中：

对方右掌顺步，奔我胸部正中击来，我急进左步，起左手下扳其右肘；对方微撤右身化解的同时，起左手攻打我面门；我疾起左手上拦其左手臂外侧，同时乘机出右手向其左肋下进击，在进右手的同时，要上右步与右手取得一致行动；如果对方以左手顺步来攻，我急进右步，起右手下扳其左肘，对方微撤左身化解的同时，起右手攻打我面门；我疾起右手上拦其右手臂外侧，同时乘机出左手向其右肋下进击，在进左手的同时，要上左步与左手取得一致行动。这就是"进步搬拦肋下使"的基本法式。

如封似闭式，是保护正中门不受对方侵犯的拳势。其用法是：当我右手的肘部或腕部被对方左手拦住时，要及时出左手，从右肘底部直向右手腕部接应，取掩拨的式子，这样可以救出被封拦的右肘或手腕，右手便可乘机反掌拍击对方的脸面；如果对手出右手来遮拦，我右手就势下挂其手腕，复起左手正掌拍击对方的脸面以胜之。如封似闭式的护中，就是保护自己的中门和肘弯部位，不让对方占位抢得先机。这是常用的攻防技术法式。

⑦ 十字手法变不尽，抱虎归山採挒成：

双手小臂交叉于胸前、手心向着自己脸面的架式，名曰"十字手法"。然而，各种方位的双手小臂十字交叉的方法，都可以称为"十字手法"。可以说，太极拳的种种攻防手法，都可以由各种双手十字交叉的法式"交接替手"变化出来，故曰："攻防手法十字变，十字变化无穷尽。"简单地说，十字手法，不外是双手一开一合的变化；然而开有开的法则，合有合的法则，开合有秩序法度；就其用法而言，不外是一顾一进击的法式，体现的是"顾打同时"，这才是运用的至妙所在。进与顾同时，顾与打同时，所谓"整齐化一"者，即此也！进顾打不可有快慢，是为均匀，不然在实施时就要因措手不及而落败了。

如进步法：当对方以顺步直拳攻击我头面而来，我以十字手法上架拦截，旋转身法，一手採将对方手腕，一手击打对方面门，即可胜之；当对方以顺步直拳攻击我头面而来，我以十字手法上架拦截，旋转身法，一手采捋对方肘弯，一手屈肘击打对方胸腹，即可胜之；当对方以顺步直拳攻击我头面而来，我以十字手法上架拦截，旋转身法，一手采捋对方肘弯，一手下垂，以肩靠法击打对方胸腹，亦可胜之；当对方以顺步直拳攻击我头面而来，我以十字手法上架拦截，撤步旋转身法，一手采捋对方手腕，一手反掌击打对方面门，亦可胜之。

如撤步法：当对方以顺步直拳攻击我头面而来，我以十字手法上架拦截，撤步旋转身法，一手采捋对方手腕，一手反掌击打对方面门，亦可胜之；当对方以顺步直拳攻击我头面而来，我以十字手法上架拦截，撤步旋转身法，一手采捋对方手腕，一手屈肘击打对方肘外，亦可胜之；当对方以顺步直拳攻击我头面而来，我以十字手法上架拦截，撤步旋转身法，一手采捋对方手腕，一手旋转到对方后背处，击打对方后心，同时进一足下拦，用另一足的足后跟后踢其足踝处，其必跌仆在地，亦可胜之。此名"剪打、剪摔"，古歌诀说的"仙人背后把人伤"即此用法。

由上所述，可知"十字手法变不尽"的精旨妙谛了。此条与进步七星合而观之，妙趣横生！

"抱虎归山"在太极拳法十三势劲别中占"採、挒"二字。採，就是摘取的意思，拳法中分为"上摘下採"，即向上者为摘法，向下者为採法。诀言："採在十指"，说明运用下採的方法，是运用手指向下迅速地抓捋的方法，可使对方跌仆在地！採法的运用，是使对方向自己身体的左右侧跌仆。

当运用右手下採法採捋对方右手腕时，对方若有回夺之势，则就势进步，起左手展肱骨，用左手小指侧挒打对方右手臂的肘弯肱骨部位，则对方必向其身体右侧方跌翻。

诀言："挒在展肱。"这就说明挒法的运用，在于展开自己的肱骨，以手小指外侧击打对方的肱骨部位，使其向彼之身体左右侧跌翻。所以说，"採、挒"是相对应的手法。而抱虎归山式的技击用法中存在採、挒连续运用的法式，故诀言曰："抱虎归山採挒成。"此真是说出了"抱虎归山"式连续技击的精妙所在。

⑧肘底看捶护中手，退行三把倒转肱：

肘底看捶有两个技术概念，一是自己出一只手，另一只手要成捶，看住所出手的肘部，以备对方拦截侵犯。当对方拦截侵犯时，可以及时运用掩拨摘捋的种种手法救护，取得变化的主动权。二是得势进攻对方的时候，一只手看住对方手臂肘头部位，另一只手成拳，乘机从其肘下进攻击打彼之肋胁部位，即可制胜。

拳诀云："中节不明，全身是空。"上述两方面内容都充分说明了这一点，即出手进攻的时候，做好自己防护中节肘头部位的准备；当实施中平手法攻击对方的时候，要"不攖人之力"地看住对方的肘头部位，才能利用经彼肘下这条暗道，达到击打对方肋胁部位以制胜的目的。这就是"肘底看捶护中手"的练用精旨妙谛。

退行三把倒转肱：论说的是连续运用"退"法取胜的"倒转肱式"的实战运用秘诀，这在十三法中占了一个"退"字，亦可以说是"败中取胜"的法式。这是太极拳中有意设计的一种有效招法，是在时刻提醒修炼者：不是只有进攻才是制胜的法宝，有计划地以弱示敌，运用假败的手段诱敌深入，出其不意、攻其不备地反败为胜，也是制胜的法宝。

当对方实施进攻手法的拳势凶猛时，我自己一手只运用不攖人之力，转动自己肱骨之接手引领，另一手只假做扑击对方面门的虚势。当对方认为我的拳势软弱可欺而实施劈砸手法进击时，我就连续三次实施同样的法式，达到诱敌深入、骄狂其心而使之失之戒备的目的。如此退到第三步的时候，在对方劈砸我前手臂的瞬间，我的后足蹬进，另一只手用掌扑击对方的面门，其必后仰跌翻而落败！这就是"倒转肱式"用法。

然而，在实战运用中，并非连退三步。有时一个缩步、一个卸步，就能达到出其不意、攻其不备、退中进击以制胜的效果。

⑨坠身退走扳挽劲，斜飞着法用不空：

运用"倒转肱式"的退法走化之法时，要运用以腰为中枢之松沉身法退走的法式，手法要运用里扳法，即沉肩坠肘的扳、挽劲势，如此才能引领对方前进落空，而自己又不失中正安舒的掤劲。如果是运用以左腰或右腰为中枢之半身旋转之引领走化的法式，可有两种手法：一是逆缠的里扳手法，二是顺缠的外挽手法。运用这两种旋转的扳、挽手法的共同点是，运用腰为中枢之松沉的身法、沉肩坠肘的手法，以身法带动手法的掤劲不失，必须是不撄人之力的"靠吃"法式，如此才能达到牵引对方而又不惊动对方的目的，这才给进一步伺机施手用招、施招用手奠定制胜的基础。这就是"坠身退走扳挽劲"的精旨妙义。

斜飞式，是左右手臂顺步斜横向外展的手法。继前面"坠身退走扳挽劲"，引领对方到自己得机得势的位置后，即可运用"斜飞式"的招法战胜对方，而不会出现落空的现象。这就是"斜飞着法用不空"的精旨妙义。

运用"坠身退走扳挽劲"的方法创造有利的战机，其接续手段并非"斜飞式"手法的一个法式。如果以七星拳法的概念认识，后续手法就很多了。如白鹤亮翅的用肘、海底针的靠法、撇身捶的击打、单鞭手的掌法等，多得数不清。然而，在实施各种后续手法时，我凭对方的变化之势随机而用的法则不变，这就是太极拳施手用招、施招用手的"顺随施招用不空"的精旨妙谛。

⑩海底针要躬身就，扇通臂上托架功：

海底针的招式是运用靠法制胜的法式。如对方以左中平式顺步直拳击我胸部而来，我则起右手臂，由上向下拨对方左手臂里门，俯身肩靠对方胸腹部位以胜之（右手式亦如此法）。这就是"海底针要躬身就"的运用精旨妙义。诀云："俯肩一靠破铜墙"，说的就是海底针式妙用所在，故知海底针式在十三法中占有一个"靠"字的意义了。

在和对方搭接右手臂时，运用先发制人的进法，在右手搭接的同时，要迅速地发左手，顺对方右手臂下向上穿出，并且要用左肘做出接骨斗榫的小臂托架的架势，把对方的小臂托架起来，亮出对方的右肋胸，此时急用右立掌（要与左手掌虎口相对的方式）直奔对方胸肋进击，彼必败矣！这就是"扇通臂上托架功"之精旨妙义！

⑪撇身捶打闪化式，横身前进着法成：

如果对方以靠吃拿闪化（即不撄人之力的极快的转动）的方式向我侧身攻击，我就运用不招不架横身撇身捶的招法向对方胸肋部位进击。招法突变，对方意想不到，可达到出奇制胜的效果。这就是"撇身捶打闪化式"的精义。

如果对方将我撇身捶式的攻击闪过化解，且又向我侧身进击，我就进步横身运用撇身捶的法式再向对方胸肋部位进击，亦能制胜。这就是连续实施同一招法的进攻手段，即术语谓"打一打二不二法门"的法式。这就是"横身前进着法成"的精义。

⑫腕中反有闭拿法，云手三进臂上攻：

手法有拿法和闭拿法的分别。闭拿法，就是破坏对方拿法的方法。在闭拿法中有打破法、反拿破拿法两种方法。

打破法：我的右手腕被对方右手揸住的时候，就要急用左手把对方揸住我手的右手用力按住；同时坠身下拉对方的手，让对方身体向前俯弯，这时就可以夺出我被揸住的右手腕，同时向上反出，即刻奔向对方的颏下并托起。在夺反右腕时，要用左手紧按住对方的右手腕，这是闭拿法的关键。

如腕中反拿闭拿法：我的右手腕被对方右手捋住的时候，我及时松开自己的劲势，右手反刁拿对方的右手腕或小臂，使对方不得变化；同时左手击打对方的肋胁、脸面，即可取得胜利。

云手三进臂上攻：当对方运用顺步右直拳击打我面门而来时，我急进左步起右手挑拦，同时起左手，从对方的右手臂下向上穿出，并左肩直抵对方右腋下，把对方右臂稍微抗起时，疾速用肩靠劲势反抖，我左手同时向外横拨，彼必败矣！注意，此手法的力点在反抖劲势的运用上。

云手三进撩阴打：当对方运用顺步右直拳击打我面门而来时，我急进左步起右手挑拦，同时起左手，从对方的右手臂下向上穿出，并用左肩直抵对方右腋下，左小臂将对方右臂架起，同时右手臂下回旋，以掌心撩打对方下阴部位，即可取胜。

此两个变手法式，都是先右手进架对方右手腕，复进左手挑其右手臂，三进肩靠抖击或右手撩阴，所以名曰云手三进法。故而，云手在太极十三字中占了一个"进"字。

⑬高探马上拦手刺，左右分脚手要封：

高探马式，就是左手上拦手、右手顺缠（反之亦然）的刺咽扎喉的"拦打"手法。此手法快捷无比，自有迅雷不及掩耳之势的制胜效果。

如果对方以顺步左直拳向我面门击打而来，我即进左步起右手上拦，化解其攻势，同时运用左手顺缠掌（手心向上）迅速向对方的咽喉、面部直刺。

如果对方以顺步右直拳向我面门击打而来，我即进右步起左手上拦，化解其攻势，同时运用右手顺缠掌（手心向上）迅速向对方的咽喉、面部直刺。这就是"高探马上拦手刺"的精旨妙谛。

分脚，有踢脚和蹬脚的分别。正身踢脚、蹬脚有左右踢脚、蹬脚、十字蹬脚的分别，还有高级用法的转身蹬脚，其区别在手法运用的方法上。蹬脚大体上分为里裹手的左右蹬脚和外裹手的十字蹬脚用法。踢脚以脚尖部位、蹬脚以脚掌根部位踢击、蹬踏对方的膝、腹、肋胁等部位。踢脚、蹬脚在实战中具有极大的威力和制胜效果，是下盘的基本攻防技术。

我要用脚法踢、蹬对方的肋胁、腹部的时候，必须先运用拦、裹、掀、劈、捋、分等种种防守手法将对方的手控制住方可实施，这样可以防止我的腿被对方利用而导致失败。诀言："两手相加敌扰攘，无心思到下盘伤。"这就是"左右分脚手要封"句"手要封"的精义。

⑭转身蹬脚腹上占，进步栽捶迎面冲：

转身蹬脚的运用：在与对方交手中，倘如没有运用手法攻击对方的机会，可以利用疾转身法出腿，直奔对方腹部位置蹬、踹之以制胜；或是运用手法诱敌深入，再用疾转身法出腿，直奔对方腹部蹬、踹之，转败为胜。这就是"转身蹬脚腹上占"的精义。

栽捶，用逆缠拳式直接捣入之法，形态类似手心向下、手背向上的冲拳。捶之劲势具有渗透深入的击打能力，故而名之曰"栽捶"，基本上分为上栽捶、中栽捶、下栽捶三种法式。上栽捶，用于攻击对方的颈部、脸面；中栽捶，用于攻击对方的胸部、大腹、肋胁；下栽捶，用于攻击对方的小腹部位。运用栽捶，分为进步栽捶和退步栽捶两种法式，都具有极强大的攻击威力。现在所说的"贯通力"，就是栽捶的劲势描述。

这里所说的"进步栽捶迎面冲"，是论述"上栽捶"的运用方法。运用的技术手法类似于"高探马"式，然而高探马需用另一只手作防守开路，栽捶却是"不招不架只打一下"的法式。亦可以另一只手防守开路的法式来运用栽捶。这要看自己的攻防技术水平来定夺了。

例如：当对方运用顺步右直拳向我面门击打而来，我进右步，同时起左栽捶向对方脸面击打，运用"不招不架只打一下"的方法，即可制胜；当对方运用顺步左直拳向我面门击打而来，我进左步，同时起右栽捶向对方脸面击打，运用"不招不架只打一下"的方法，即可制胜。

这两种栽捶法式，亦可以当对方运用右直拳向我面门击打而来，我进右步，起左手上拦截彼右腕里侧，化解其攻势，同时起左栽捶，向对方脸面击打，即可制胜；当对方运用顺步左直拳向我面门击打而来，我进左步，起右手上拦截彼腕部里侧化解其攻势，同时起左栽捶向对方脸面击打，即可制胜。这就是"进步栽捶迎面冲"的精旨妙义。

⑮反身白蛇吐信变，採住敌手取双瞳：

吐信在传统拳术中分为两种法式：白蛇吐信，乃手法刺喉的法式；黑蛇吐信，乃腿法踢裆的法式。

白蛇吐信，对方以直拳来击打我的胸、面门，我用一只手採捋住对方的攻击之手，另一只手成双指叉状态，直取对方双眼刺之。在具体攻防较技时，亦可出手诈败，反身退走，乘对方追赶而来时，突然转身一手护住另一手，直取对方双眼刺之。

⑯右蹬脚上软肋踹，左右披身伏虎精：

当对方出拳攻击我的胸面而来，我用双手交替的方法将对方双手控制住，同时起右蹬脚踢踹对方的软肋胁部位以制胜，此即"右蹬脚上软肋踹"的精旨妙谛。左蹬脚亦然。

披身伏虎式，是侧身抢外打里的招式，大约类似"扇通背"的运用。只不过披身伏虎运用的是旋转旋进的法式，扇通背运用的是拧转直进的法式而已。

例如：对方以顺步右直拳击我而来，我速起右手进左步，採捋对方右手腕部，左脚落在对方的右脚外侧后方，左手钩挽对方右肘弯，右手变拳击打对方右乳头部位。还可以当自己的左步落在对方右脚外侧时，左手成拳击打对方的右肋后部位，同时右手亦成拳，击打对方的右乳头部位。左拳与右拳要相错对击，且左右两拳成一点击打之势。如果分出先后，则不得要领。这就是"左右披身伏虎精"的精旨妙谛。此法亦名"钉心捶"，是双拳同时击打对方前后心的法式。能否如此实施是由步法的落位点来决定的。

⑰上打正胸肋下用，双锋贯耳着法灵：

"上打正胸肋下用"句还是论说披身伏虎式用法要领。前后两拳往上要打对方的胸乳部位，往下就要打软肋部位，才算披身伏虎式运用的精妙！

单锋贯耳、双锋贯耳，都是较技中随机用势常用的攻防手法。当我运用虎扑手而对方双手下按破解时，我随机顺彼拨按的劲势，双手分别由左右向上，旋绕成拳或掌直奔对方两耳，取双对拳、掌的方式猛击打对方双耳。

单锋贯耳、双锋贯耳，不但能够正面应用，亦可以侧身分出长短手来运用，这样适用的情况就多了，这就是"双锋贯耳着法灵"句具体施手用招、施招用手的精旨妙义。

⑱左蹬脚踢右蹬式，回身蹬脚膝骨迎：

前面有"右蹬脚上软肋踹"的说法，此句诀言又说左右蹬踢、蹬踹，这里说的是两个内容：一是自己有左右蹬脚的用法；二是当对方起右脚蹬踢我的膝骨而来，我起左脚蹬踢对方的右腿，即可破解其攻势。此乃"以其人之法，还治其人之身"的法式，我又是静以制动的"刚发他力前"具体用法的一种提示。

如果和对方较技时，对方攻势紧迫，我来不及抬手还招，则随机回身闪化避开，急以脚踢方式向对方膝下软骨蹬踢，亦可制胜，这就是"回身蹬脚膝骨迎"的精旨妙义。

⑲野马分鬃攻腋下，玉女穿梭四角封：

野马分鬃式，属于侧身运用手掌、手臂攻击他人的法式，重在运用不攖人之力的顺势借力。

如与对方交手时，对方左手捋住我的左手腕，我乘其捋手的劲势急进右步，同时起右手掌托拿对方的左腋下，顺势发放，彼必跌翻；或是对方的左手捋住我的左手腕，我乘其捋手的劲势急进右步，同时起右手从对方的左腋下顺势穿进，以左手臂外侧顺势推进展放的劲势发放，彼亦必跌翻矣！这就是"野马分鬃攻腋下"的精旨妙谛。

玉女穿梭式，存在上下左右四种化解、攻击对方的方式，所以名之曰"四角封"，即玉女穿梭，手能够封住对方向我的上门、下门、左外门、右外门四个方位的进攻，同时我又能从上门、下门、左外门、右外门四个方位，运用不同的攻击技法使对方跌翻在地。太极拳的掤捋挤按、採挒肘靠八法，玉女穿梭手都能够随机顺势地运使出来。

如：与对方较技，几次试探，对方的掤势非常严密，我不能得机进手，此时可以左手按住对方的右肘，顺其下式化解劲势，运用右手扑击对方面门；左手按住对方右肘，顺其上抬化解劲势，运用右手扑击对方软肋部位；左手按住对方右肘，顺其右旋化解劲势，运用右手扑击对方胸腹部位；左手按住对方右肘，顺其左旋化解劲势，运用右手按住其右小臂部位，同时起左手扑击对方右肩髃穴部位。此四法皆可使对方跌翻。这就是"玉女穿梭四角封"的精旨妙谛。

⑳摇化单臂托手上，左右用法一般同：

此句继续说明玉女穿梭式的用法要点，在于把握对方单臂的动向犹如托在手上一般听探清楚，才能随之实施四向动变，有效地攻击对方以制胜。这样，不管是以左手看住对方右肘，还是用右手看住对方左肘，运用的方法、准则是同样的。

㉑ 单鞭下式顺锋入，金鸡独立占上风：

如果对方采用由上向下的招法向我击来，我急顺其来势向下，运用不搂人之力的"靠吃"法熨贴顺随，等对方下击之势落空，我即运用贴随的手撩击对方阴部或腹部以制胜。运用此法的关键是做撩阴手的同时须运用腰、胯、膝三个关节的由屈而伸之势向前冲击，形成浑身的整劲之势。这是"单鞭下式顺锋入"句的精旨要义。

金鸡独立，是一条腿屈膝提起，一条腿直立的架势。它有两种用法：一是提膝击打对方下阴、小腹或背后，以足跟钩踢对方下阴或小腿；二是下跺对方足弓脚面。但是，运用时必须有上面的手法作为配合方能制胜。这有歌诀为证，录而并解之如下：

延伸阅读

问曰：用膝可以敌人，何也？

答曰：在推上击下。

两手相加敌扰攘，无心思到下盘伤。

横直撇膝因穴道，纵是英雄也着忙。

《张横秋秘授跌打抓拿拳谱·千金秘诀》

阐释

问："膝"在攻防较技中，既可以破解对手对我下盘的攻击，又可以各种膝击的方法攻击对手的中、下盘，奏效显著，其道理何在？原因何在？技法为何？

答：膝乃全身"七星"点位之一，又是下盘腿法、步法的"三才"中枢之"人才"的部位，是地户的三道防线之一，为第二道门户。脚（踝）、膝、胯，是下盘的三道门户防线，同时又是三支奇兵，在较技中，皆可出奇制胜，又可回防固守无隙。膝具备着提上击打，下跪击打，里扣、外撇的横向击打，前后左右摆动击打对方桩腿等，即攻防点位的全方位击打和防守能力。膝击属于下盘之法。

较技时，双方攻防拆变得不可开交之际，很难到下盘膝击至胜的方法。其实，此时此刻正是用膝攻击对手下盘最好的时机。故于平时多加习练各种膝击方法，熟而又熟，必能相机而用，易获胜利。此乃出奇制胜之法。

膝击有直膝击打和横膝击打两种基本形式，有提膝击打、跪膝击打两种姿势。如横提膝击打对手大腿的市风穴、环跳穴、血海穴、箕门穴，以及少腹丹田气海穴、关突穴、脐中、中脘；直膝跪击对手的梁丘穴、阴市穴、伏兔穴；摇摆法击打对手桩腿的阴陵泉穴、阳陵泉穴，委中穴、承山穴，撇膝击打亦如是；还有摇膝转打配合脚钩住对方的反关节摔法。破解对手抱腿摔：或采用黑狗钻裆的直提击打对手面门，横膝击打对手太阳穴、颊车穴的用法；或采用飞身跪击对手颈、背的跪砸击法；更有正面对敌的飞身抱头双膝直击对手胸部、胃脘部的凶猛方法。

故较技中一旦被膝法击中，常因疼痛难忍、力不能支而惨败，就是铁打的英雄汉着了膝打重击的道儿，一样会忙乱而自顾不暇。

故平时多练膝击诸法，达到出击自然，能与各种攻防招法配合，方可在较技中致用而出奇制胜。但于切磋较技中不宜用重击伤人之法，方显武德。

与人攻防较技，当与对方纠结在一起时，我挑起对方手臂，疾起一腿，用膝盖撞击对方裆部，紧接着落脚蹬踏对方的脚面足弓，即可制胜。落脚下踏的同时，另一条腿屈膝提起，使全身之劲势向下踏击，又名"千斤坠"法式。由此可知"金鸡独立占上风"的精旨妙义了。

㉒提膝上打致命处，下伤二足难留情：

此句进一步说明，金鸡独立的招法是非常凶狠的手段。如果运用提膝向对方裆部撞去，对方就有性命危险了；如果运用脚法下跺对方足弓脚面，对方足部就会毁伤。故而，在切磋较技中，不可轻易运用。只有达到施手用招、施招用手的懂劲功夫，具备掐手功夫能力，才能达到"用必打犯而不伤人"的境界。

㉓十字腿法软骨断，指裆捶下靠为锋：

十字腿，顾名思义，就是上面运用双手式的开手势，下面运用脚法的蹬、踢动作拦截或蹬踢对方膝盖或膝下软骨部位，达到拦截或攻击制胜的效果。从"十字腿法软骨断"的句意可以看出十字腿法的威力，故运用时要格外小心，既不被对方所损伤，亦不损伤对方！

指裆捶、海底针除了有击打对方下阴、小腹部位的用法，还有借势用势的靠法蕴藏其中。而所用的靠法，就有"俯肩七寸靠、侧身肩侧靠、肩后靠，下势腹肋靠，大法背折靠"等数种。

如我以右手指裆捶法攻击对手，在对方右手采将我右手臂的瞬间，我就势借势进步，运用右俯肩靠法胜之；如果对方用左手外采将我的右手臂，我就势进左步，运用左肩靠彼之胸腹以胜之；如果对方右手采将我的右手臂，在其往右边采将带的劲势较大的瞬间，我就势借势进步，运用右肩侧肩靠法以胜之；如果对方右手捋我的右手臂，往其右边捋带的劲势较大，我就势借其劲势进步，运用肩胛骨部位肩后靠法以胜之；如果对方右手採捋我的右手臂，往其右边捋带的劲势强大，我就势借势进右步，运用左肩的肩后靠法以胜之，此名"背折靠"。

由此可以看出"指裆捶下靠为锋"的精旨妙谛了。锋者，先锋之谓，亦是锋刃的意思。

㉔上步七星架手式，退步跨虎闪正中：

上步七星式的用法基本上和十字手法相同，所使用的攻防手法也是由十字手法变化出来的。

七星是指以头、肩、肘、手、胯、膝、足七个部位为攻击点位。上步七星和十字手的一点区别在于上步七星主要运用进攻取势以制胜；十字手法则既可进攻取势，又可退步取势。

双手小臂交叉于胸前、手心向着自己脸面的架式名曰"十字手法。"然而，各种方位的双手小臂十字交叉的方法都可以称为"十字手法"。可以说太极拳的种种攻防手法全都可以由双手十字交叉的法式"交接替手"变化出来，故曰："攻防手法十字变，十字变化无穷尽。"简单地说，十字手法，不外是双手一开一合的变化，然而开有开的法则，合有合的法则，开合有秩序法度，就其用法不外是一顾一进击的法式，体现的是"顾打同时"。进与顾同时，顾与打同时，所谓"整齐化一"者，此也！进退顾打不可有快慢，是为均匀，不然在实施时就有可能出现因措手不及而落败的情形了。

如在进步法中：当对方以顺步直拳攻击我头面而来，我以十字手法上架拦截，旋转身法，一手採捋对方手腕，一手击打对方面门，即可胜之；当对方以顺步直拳攻击我头面而来，我以十字手法上架拦截，旋转身法，一手採捋对方肘弯，一手屈肘击打对方胸腹，即可胜之；当对方以顺步直拳攻击我头面而来，我以十字手法上架拦截，旋转身法，一手采挒对方肘弯，一手下垂以肩靠法击打对方胸腹，亦可胜之；当对方以顺步直拳攻击我头面而来，我以十字手法上架拦截，撤步旋转身法，一手采挒对方手腕，一手反掌击打对方面门，亦可胜之；当对方以顺步直拳攻击我头面而来，我以十字手法上架拦截，旋转身法，一手采挒对方手腕，一手看住对方另一手，同时进步提膝攻击对方裆部，即可胜之；当对方以顺步直拳攻击我头面而来，我以十字手法上架拦截，旋转身法，一手采挒对方手腕，一手看住对方另一手，进步屈膝，用脚跟钩住对方足踝，用胯下切其小腿，其必后仰跌翻，自可胜之。

由上述内容可知，进步七星的使用必须由十字手法开始，且必须进一步运用有效的后续手段即七拳打法才能奏效。这就是"上步七星架手式"的精旨妙谛。

退步跨虎式属于败中取胜的法式。当双方接近时，对方的进攻之势过于猛烈，我不愿意运用对法降服对方及发生顶撞，或来不及还手用招，就要即时运用撤步、闪开正中定横中的法式，再乘对方之来势，利用进攻的点位疾而进击之，自可取胜。有关这方面的战术运用之妙，前贤亦有论述，录并解之如下。

延伸阅读

问曰：弱可以敌强，何也？

答曰：在偏闪腾挪。

偏闪空费拔山力，腾挪乘虚任意入。

让中不让乃为佳，开去翻来何地立。

《张横秋秘授跌打抓拿拳谱·千金秘诀》

阐释

问：柔可以胜刚，弱可以胜强，这是什么原因呢？存在什么道理？

此问直指传统拳学真谛，具有普遍性的意义。初习传统拳术攻防之道者，可能都会提出这样的问题。因为"强胜弱"是人们很容易认识到的现象。而先贤们在强胜弱这一必然规律的基础上，专门深化研究了弱胜强，即如何使弱与强向各自相反方向转化的道理、法则、方法、规矩、规律，从而使弱者战胜强者成为事实。这方面的成果，是传统拳术攻防之道的理、法、术、功中极其骄人的核心、灵魂部分。然而在此"弱与强"的说法中，所谓弱者，指"柔外刚中"的内家拳法者；所谓强者，指"努筋突骨"的外家拳法者。古人对此有所辨析：尚巧者为弱者，尚力者为强者。这样，"弱"和"强"的所指也就不易混淆了。此中再以四象分强弱，则无误矣！

答：道理是"无争为争"，方法在于偏闪腾挪。任何一个习拳者都会广泛地与人切磋较技，所遇者有强有弱。古人云："遇弱可以力擒，逢强就要智取。"遇强如何智取，战而胜之呢？原则是以"无争为争"。方法在于不与之正面对抗、直接冲突，不给强者以用强之机，而是"顺其势，借其力；让力头，打力尾"。以上便是以弱胜强的基本方法、准则。在"偏闪腾挪"法中求得胜利，即先为不可胜，然后图谋之。正如老子所说："反者道之动，柔者道之用。不与人争，天下莫能与之争。"拳道用柔，在不与人争，能以弱胜强的道理即在于此。何神秘之有？正如拳诀所言："在乎用法莫蹉跎。"

偏闪，是为了避开对手强大的攻击锋芒，造成对手攻势落空，使其拔山般的攻击力量白白浪费。步法腾挪，可乘对手空隙任意而入，继而发招用手，可立胜对手。"偏"是避其锋芒，"闪"是贴对手之脚步而闪去，"腾挪"是继而闪进。闪去复又闪进一气呵成，体现了避实击虚的闪即打、打即闪，逢进必闪、逢闪必进，攻防同时体现的精妙。"偏闪空费拔山力，腾挪乘虚任意入"说明了弱可胜强的战略法则、战术。

应特别注意，"偏闪"是偏移闪过对方意图攻击我的部位，让过对方拳势的锋芒力头，而我的中轴、中枢是绝不能让对手控制的，此即"让，中不让"。"中"必由我控制，才能自身中正安舒，做到贴步闪的恰到好处，才能空费对手拔山之力的攻势，才能即时以步法腾挪进身从敌空虚之地进击。"让，中不让"，正是攻防施招用手的基本法则之一，谁能做得准确，谁就是运用偏闪腾挪、以弱胜强功法之佳者。这就是歌诀第三句所表达的内容。

"闪"是避开对手攻势的锋芒，无隙而退；又是复来进身攻击对手，乘隙而进。步法的腾挪是身虽闪开，却又复翻而来，至最佳击敌位置，站其位、拔其根，跌翻对手。对手既跌，何有立身之地！此为第四句歌诀"开去翻来何地立"其中之一义。

但我能偏闪开对手的攻击，复翻而来到攻击对手之地，此地是有讲究的。步法站位不对，有反被对手击打跌翻之险恶存焉。虽前面"偏闪、腾挪，让中不让"都做得极佳，唯此翻来一步站位不当，也会出现贻误战机而致失败的局面。故步法讲究"步要有眼"，步法有眼，则站位得当，才能站必是处。步法无眼，站必不是。然此"站必是处"，又有讲究；"站必有眼"，又有说法。站远者，手击；站近者，靠击；不远不近者，肘击。故知"站必是处，站必有眼"不单是从"步法"来说，还要与手法、身法上下协调一致。此意亦是"开去翻来何地立"的又一层意思，读谱时不可不知。

以上即依以弱胜强的基本观念而立的偏闪、腾挪、让中不让的战略法则、战术方法，即"尚巧不尚力"的拳术攻防内容。而尚巧不尚力必以"柔弱无骨而又内感通灵"的功夫为基础，以"意气君来骨肉臣"为宗旨，方可用得出、用的妙。良轮先生所著《张氏短打拳谱》中记载"斜步躲影、缩步躲影、卸步躲影、横步躲影、直步躲影"五步躲影的技法内容，皆属于偏闪腾挪发的内容，即属于半步打法的技法范畴。

以上乃"退步跨虎闪正中"句所欲揭示的精旨妙义。

按历代前贤的定义，进步成马架为正骑马，退步成马架为倒麒麟。这里的退步跨虎，就是倒麒麟步法。为什么称为"跨虎"呢？因为这里下有倒麒麟的步法，上有"降龙伏虎"的伏虎势的手法。

㉕转身摆莲护腿进，弯弓射虎挑打胸：

摆莲腿法，是抬起一条腿，运用旋转惯性力如鞭般抽击对方软肋、腹部的一种攻击手段，有正面、侧面、后面三种不同实施法式。正如诀言："出腿半边空。"为了防止对方运用防护手法破坏我的摆莲腿法，就必须先要控制住对方的双手，使之不能产生对我摆莲腿的威胁，才能实施摆莲腿法以制胜。

如对方以顺步右直拳向我胸部击来，我速进左步，同时以左手看管住对方的右手臂肘弯外侧，起右腿从彼之身右侧向上旋起，以右外摆莲腿法，如鞭抽击对方右腰软肋胁部位以制胜；如对方以顺步左直拳向我胸部击来，我速微进左步，同时以左手拨法，看管住对方左手臂肘弯外侧，转身起右腿，从彼之身左侧向上旋起，以右外摆莲腿法，如鞭抽击对方前腹部位以制胜。此两种法式可以左右选择运用，皆可制胜。

㉖ 如封似闭顾盼定，太极合手式完成：

在运用如封似闭手法中，要光明正大地预先顾好自己的三前，即眼前、手前、足前；隐蔽窥盼对方的七星，即是严密监视对方的肩、肘、手、胯、膝、足、头七个点位的动态。定乃中定，气沉丹田稳定心神，心神安定则镇静，镇静则听探灵敏，听探灵敏则形体攻防动静变化准确。不单是如封似闭，一切攻防招法的实施皆是如此，这就是"意气君来骨肉臣"的练用宗旨之体现。

太极拳套路修炼到太极合手式，已经完成了套路演练。在演练套路招法时，不仅要知道套路招法的演练，更重要的是通过套路演练建立攻防机制，以及掌握各种攻防招法实施、种种变化及其相互间转化的机制要领。这是练用结合、体用结合的修炼模式。因为，在太极拳中存在练用有别、体用有别的客观事实。只有如此修炼，才能达到小成的形拳招熟攻防功夫艺境，继而达到中成气、意拳懂劲的攻防功夫艺境，再升华才能达到神拳神明攻防功夫艺境，最终具备神化之功，是为功德圆满。有关神拳神明艺境，具备神化之功的功德圆满之候，前贤有过清楚的描述，录之如下。

巧从熟生，灵从快生，刚生于柔，智生于拙。非养得目有神光，身有灵光，体有元光，难使敌一见生畏怯于心。非神光，难御乱敌。非有灵光，难疾胜劲敌。非有元光，难临大阵而耐久。灵光者，身外有红光缭绕。神光者，目中有青苍之气，足以照远出威。元光乃身外黄光闪烁，是内外功满，毫无缺欠，辉光普照，无隙可乘。惟目中剑内手上，更有一番稳准气象，足使人畏。故敌人动得其咎。学力至此，乃为练家，方不愧居其名，亦可留芳千古，令后世慨见而神警。

故闻声而惧者，因实称其名，威感夙着也。此真向战不持寸铁，何待矢折而胜也耶？古之将帅，操不胜之术者，以其训练精细，百战无敌，谁敢慢视哉？

《浑元剑经·剑髓千言》

㉗ 全体大用意为主，体松气固神要凝：

修炼太极拳以意为主，拳诀讲："意就是气，气就是意。"这里的意是意识，气是真元之气。意属脾，真气属肾。根据内主外从的生理机制，心意一动则真气动，真气动则外形随之而动。修炼太极拳就是强化这一"神、意、气、劲、形、中的内主外从"的生理机制，根据这个生理机制获得攻防功夫，达到修炼太极拳术健身、技击，功德艺境并行不悖的保身目的。这就是"全体大用意为主"的精旨妙谛。

拳诀言："练时情中有，用时形内含。""情中有"和"形内含"说的都是"内气"的功能作用："情中有"说的是以"意气"为主导的活动的现象；"形内含"说的是内气、外形的内主外从、统一完成攻防之柔化刚发的功能作用，也就是如何完成听探、顺化相互为用之攻防过程。

此句在太极拳的修炼、健体、致用的"全体大用意为主"的基础上，明确提出了"体松气固神要凝"三点基本要求和阶段。

体松：太极拳明确提出，在修炼、致用的过程中，全身上下不用拙力（有意无意的肌肉凝挺、呆板、僵拙的笨力）。轻松自然地活动可以催掉僵拙的力，自然生化出筋骨间的劲（即内劲，有单独内功修炼法，不但快，而且质量高），这种内劲发出来一般称为"惊劲""弹劲""颤劲"；并且因为骨节松开，可以增加四肢身躯的长度，以及拓展骨关节的变化空间、角度，适应更为复杂的攻防变化。所谓"筋长力大"，是说"筋长则变化适应能力大大加强"，并非是"力量大"的意思。

气固：是指丹田真气固，气沉丹田则气归根而不浮，则上不生喘满呼吸急促、胸腹内不出现憋闷的现象，使攻防动作流畅自如，并能更好地做到内气与外形的虚实相需，内外一而贯之，完成一系列攻防变化动作。有关"气固"这一点，历代前贤亦有明确论述，录而解之如下。

延伸阅读

气法指要

紧闭牙关口莫开，口开气泄力何来。

须分存气常充腹，贯通筋骨壮形骸。

翻复回旋身辗动，杀手休将气放怀。

终朝习练常如是，体坚胜似铁钢胎。

题解

古人云："练拳莫先于炼气，炼气要首在于存神。存神之始功，根于固精。能此方可以论拳之练法，否则作辍之。鲜有成为完璧者。直外便能和中，炼形亦可长生。活动筋骨身轻灵，周身气血力加增。工夫贵刚勿缓，和平得中，且存且养，内外兼济。和合坎离，要乃清心寡欲，妙在筑基。此入道之机，成道之具，岂可杳视？唯昼夜无间，则阴阳协理。呼吸定则灵光生，而三宝定位，同居其中。金丹日益，身法愈轻。"说明了修炼内功对于练拳的重要性。内功，又名"气功"。有炼真气之法，就有运用真气之法。此"气法指要"，就指出了内功练法、用气之法的要点，修炼者可遵此而行，自不会误入歧途。

下面依每句内容给予细解阐释，述其精义。

阐释

紧闭牙关口莫开，口开气泄力何来：

修炼内功，或站或坐或卧或动，都要闭目垂帘，收神光返视内照。故牙关合住，秘闭嘴唇，降心气沉入少腹丹田气海中，炼精化气以筑基。神伏丹田，气息丹田，两者潜伏丹田中静而不动，谓之"闭息"，又名"伏练"。此皆在一神专志静候其动机，如真气充足，气机自动，即时可以气为念，以意导引，使真气在体内上下贯通而行，是为内气运行腾挪，有人称此为"搬运"功夫。只有这样练去，才能使内气具备"神以知来，智以藏往"的艺境；外形可脱拙换灵，具备通灵的顺从艺境。故内外合一，虚实相需，具备"听探"的良知，"顺化"的良能。听探良知和顺化良能相互为用，致胜之能力必定得以强化。如果练功时犯"口开张"之病，则必定气泄，神不能内守，那听探、顺化及其相互为用的战胜对手之能力又从何而来呢？此即指明修炼内功的关键。

须分存气常充腹，贯通筋骨壮形骸：

修炼内功，即练气法、用气法，要分别认识清楚"存气常充腹"的方法和"贯通筋脉壮形骸"的方法，及齐修、齐用的方法，这就将炼气法、用气法分为三个步骤了。第一要存气常充腹，这是生成内气的功法要点。第二要在内气于少腹充实后，导引内气上贯下贯地周身运行，以使形骸得其所养、所用。第三要一边能用一部分内气充实少腹（功夫好者为一紫金色圆球，名之曰"太极紫金球"，以作定砣的权衡之用）；一边能用一部分内气周身运行形成铁布衫、金钟罩以壮形骸保身之用。而第三步功成，才能将内气的升降、涨渺运用于攻防较技之中。这样的分法，将内气练用功法的阶段划分得极为清楚，可使习拳者对自己所处的功夫阶段有清晰的认识，也可以此推断他人的攻防功夫阶段的层次。

翻复回旋身辗动，杀手休将气放怀：

这句诀言指出，动手较技在发人放人的刹那间，不要将存留在丹田中作为定砣的内气升浮起来放入胸中。这样会使自身上实下虚，上垂下空，头重脚轻，双足无根，易被人跌翻；又使气浮胸中，内所无根，而生喘满之象，自己动转变化失灵呆滞。"气放怀"的此两种弊病又是一般习拳者最容易犯的，故在此处显明地指出来了。

欲避此病，就要修炼"吐气开声贯气法"，也就是拳经所提出的"练力法"条目中的练法，即吐肺气催声带发声，膈膜下"上脘"内之内气同时一线贯入丹田，与原丹田中内气同时到达四肢指端及体表。久练成为习惯，在动手较技的攻防变化过程中，内气就不会升浮入胸怀，就能保证气形合一、神形一片之正确运用了。

翻复回旋身辗动时，也不能将丹田定砣之内气升浮而入怀中。因不良做法皆可造成内气浮而失根，产生喘满之弊病。凡动手较技而出现喘满症状之现象者，不是因其攻防动作疾迅，就是肺活量太小，此皆是方法不对，才出现内气不能固定在丹田中的弊病。故拳谚云："固气而静心者，修道也！"诀中之"固气"，就是固住丹田定砣之气，不可使之游移它处。有此功夫，才是传统拳术攻防之道的行家里手。

终朝习练常如是，体坚胜似铁钢胎：

朝练外形技法，晚练内功气法，朝夕习练内功外技，皆是存气常充腹，贯通筋骨壮形骸。对敌之时，休将丹田定砣之内气升入怀中，这是不可违背的法则。如法的修炼，即"本乎天之一，养气于至清，则乎地之一，融精于至宁；此于艮之一，涵神于至灵。再以灵神，又浑化清，宁而一之，更至于空灵。是统三才于一致，内而精、气、神无少缺欠，外筋骨皮一息坚融，至是则内空灵而外灵便。精足气清，气足神灵，内而精、气、神，外而筋骨皮，浑成一片，则身自能轻灵。可以通妙，而能超众，能御大敌。故精足则战耐久，气满则呼吸细，神清静而圆融，则变化莫测。"正所谓：身完天下无敌手，拳成四海少人争。习得拳法成于外，则真气备于内，是尔身心自有主。方可超凡入圣境，庶几驭众为高明。此中内气、外形练、用之精义解析清楚至极矣！

气法指要观点明确，论证清楚，点明神形一片之要旨、练用之关键，可谓尽心矣！

神要凝：《太极拳经·歌诀》中说："一窥其势，一觇其隙。"此句是说，神窥其势、意觇其隙，能如此者谓之神凝。意有所专注，神有所窥视，两者合一而运用自如，谓之"凝"。

神要凝有两个含义。

由己：一是自己修炼，每一式的动作都要有凝视的所在，达到此地步是与"全体大用"的攻防手法分不开的。如果不知道每式的攻防用法和动作寓意，那么就不容易达到意气相合、出入有法、内外如一了。这是初期修炼"由己"的功夫。有关这一点，历代前贤都有明确的论述，录之如下。

夫气起于丹田，升于泥丸，降于背，入于肩，流于肘，抵于腕，至十指尖，此气之上贯也。气生丹田，入于两肾间，降于涌泉，此气之下贯也。气随心到，心逐气穿，心能普照，气自周全，久而力自加焉。式如行云流水，无停无滞，瞬息存养，动静清轻而灵，入手神妙，可以进退如意，形无定门，非斜非横，忽高忽蹲。功夫到此，可谓通真。

《浑元剑经·气贯周身法》

上述论述中"气随心到，心逐气穿，心能普照，气自周全，久而力自加焉"的说法，就是"由己"功夫的意要专注、神要凝注的"神要凝"的修炼方法之说法。

从人：一是与人动手较技的"从人"的功夫。太极拳动手较技"顺从为法，以静制动，静以制动"是基本法则。动手较技"从人"的功夫要从"知人"而来，即"驭静以动，动中亦静，动静互为其根"。能够做到"神以知来，智以藏往"，谓之知人，也就是以"顾三前，盼七星"的内容来决定攻防进退的施手用招、施招用手的种种变化，这就需要"神窥其势，意占其隙"的听探功夫。只有实施顺从的施手用招、施招用手的法则，才能在攻防较技中真正做到"顺从以为进退四两拨千斤，逆力以为揭献借力打人"。

小结

至此，太极拳三十七式攻防招法的全体大用内容基本上阐释完毕了。这虽然是太极拳的攻防招法，却适用于传统拳术各门派、拳种的修炼者。因为，三十七式中的攻防招式手法变化无穷无尽，故而，精通三十七式全体大用的内容，就是精通攻防之道，具备神化之功。传统拳术各门派、拳种的修炼者皆应当认真精心修炼、揣摩之，将之作为达到预期目的的一条有效途径，自会有意想不到的效果。

十三字行功歌诀
（七言十六句）

十三字：掤捋挤按、採挒肘靠，进、退、顾、盼、定。

歌诀

掤手两臂要圆撑，动静虚实任意攻。①
搭手捋开挤掌使，敌欲还着势难逞。②
按手用着似倾倒，二把採住不放松。③

来势凶猛捯手用，肘靠随时任意行。④

进退反侧应机走，何怕敌人艺业精。⑤

遇敌上前迫近打，顾住三前盼七星。⑥

敌人逼近来打我，闪开正中定横中。⑦

太极十三字中法，精义揣摩妙更生。⑧

题解

这是专门论述掤捋挤按、採捯肘靠，进、退、顾、盼、定十三字法修炼、致用的歌诀，语言精炼，功法系统。十三法须单练精熟，才能综合以为用。

注解

① 掤手两臂要圆撑，动静虚实任意攻：

掤劲，乃两手臂的无尺寸劲势，具有不攖人之力的触处成圆之特点。所谓两臂要圆撑，并非两手臂的形状似月圆，而是不等长半径拧转、旋转之劲势，就是"周中规"的法式。此中有两种靠吃的法式，一是内靠外吃，二是外靠内吃。这两法都能达到掤劲的不软不硬、不凹不凸、不丢不顶的敷贴劲势的效果，即触处成圆曲走化之势或方直刚发之势。

有了掤劲的不攖人之力的触处成圆之特点，自可与敌周旋，再通过动变中静听其劲势，避实击虚的黏走相生、化打合一的法式，自能任意以避向击背的法式攻击对手了。这是十三字之首"掤"字的妙用。掤劲只是与人相接连的法式，只此掤劲还不能胜人，但是已经奠定了胜人的基础。如欲胜人还要有后续的攻击手段，这就要看下面的论述，才能明白。

② 搭手捋开挤掌使，敌欲还着势难逞：

搭手便实施捋手，乃速战速决的手法。如果实施捋手，对方

马国兴释读杨氏老谱三十二目

回撤，我可顺势借力滚手以手背实施挤法胜之。挤法的特点就是挤动对手的实中，摇动彼之根基以制胜。此法不容彼变招换势，就是彼强要还招用势，我亦有强有力的攻击手段胜他。

③ 按手用着似倾倒，二把採住不放松：

按法运用得当，对手则如山倾倒一般。实施按法，是我两手敷贴，擒拿住对方的肘与腕，劲力按在彼之后脚跟处，用腰顶的功夫进身；对方因后脚根始终不能移动，故而身如山倒一般翻跌在地而落败。不放松，是指不能放松。两手按住彼之脚跟的劲力，才能运用腰攻的法式，将其跌翻，这是实施按法的不传之秘。

以上是四正手的法式。在实施按法的过程中，如果对手用力顶抗，我则两手顺势借力变化成採法攻击，彼亦落败！这就是"二把採住不放松"这句诀言的精义。实施採法，单手亦有同样的效果。

④ 来势凶猛挒手用，肘靠随时任意行：

对方来势凶猛，运用挒手法式即可破解。诀言："採在十指，挒在展肱。"如前面"二把採住不放松"中所言，我可以先运用后手以惊弹劲法採其腕；如其回夺，即运用前手抖擞劲势挒其肘弯大臂；当我运用后手以惊弹劲法採其腕，其顺势以海底针式进步靠击，我必须运用缩卸步法闪让化解，同时运用肘法横击、钉击，或运用肩靠法还击，自叮胜之。

这里的採、挒二法的区别是：採法的运用，以使对手下跌为佳；挒法的实施，以使对手向其自身左右两侧跌摔为目的。

以上乃四隅手的法式。这样，四正四隅八法言过，下面就论五步法的运用内容了。

⑤ 进退反侧应机走，何怕敌人艺业精：

如果说进、退、顾、盼、定是大概念上的五步，那么应该还有具体小概念的五种步法。但是，陈、杨、吴、武、孙五家太极拳谱中，都没有具体而又系统的论述（实际上在套路的演练中蕴藏着这五种步法的练用内容），只好借用拳经来说明了，录文如下。

一

大敌重围谁敢当，梅玄五步有奇方。
机关透彻无虚谬，万人队里独争强。

二

五步深藏不测机，传来秘诀少人知。
等闲未得真宗旨，谁识梅玄御敌奇。

大全躲影活神仙

势到如山打进来，斜步躲影挨身拨。
碾步躲影闪后靠，卸步躲影留胸前。
横步躲影封膀送，直步躲影劈胸栽。
五样躲影随身用，颠法敌人要连颠。
转身偏闪一样打，翩跹周围登四边。
此法若要练得熟，管教场中得胜还。

《张横秋秘授跌打抓拿·秘传腾挪偏闪锦囊》

歌诀中指出：斜步、碾步、卸步、横步、直步，乃具体的五个步法。正如诀言所讲："五步深藏不测机，传来秘诀少人知。"其实，太极拳同样是以这五个具体步法来完成"进退反侧应机走"而实施八法以胜人的。这就是"何怕敌人艺业精"所欲表达的精义所在。这五个具体的步法练用内容，丰富了太极拳的五步之说法。

⑥ 遇敌上前迫近打，顾住三前盼七星：

传统拳法的实施以短小灵活为上，如果对方上前迫近来打或自己上前迫近打敌，都要照顾好三前：眼前、手前、脚前。眼前顾好，视物清楚而知敌变化在先；手前顾好，攻防变化灵通无障碍；脚前顾好，进退反侧应机走化腾挪没有阻挡。如何顾？拳诀讲："顾即打，打即顾，发手便是处。"同时还要盼七星：对方的头、肩、肘、手、胯、膝、足。盼者，法眼观照也，心中警惕之义也。知晓对方瞬间各部位的进退变化，自己才能应机而胜之。

⑦ 敌人逼近来打我，闪开正中定横中：

拳法攻防有远近说，而近者又分迫近、逼近两种形势，前面论述了对付迫近打的法式是顾三前、盼七星，此处接着论述逼近来打我时我应该如何处置。既然是逼近了，只能凭借顾盼法式灵敏的听探触觉之知做出判断，而化解的方法只有一个：闪开正中定横中。就是闪开自己脊椎之实中，同时运用自己百会至会阴的虚中瞄准对手的脊椎之实中施手用招，自然就有胜无败了。这一妙法，前贤有歌诀论之，录之如下。

问曰："弱可以敌强，何也？"

答曰："在偏闪腾挪。"

偏闪空费拔山力，腾挪乘虚任意入。

让中不让乃为佳，开去翻来何地立。

《张横秋秘授跌打抓拿·千金秘诀二十首·第二首》

这就是传统拳术所强调的以巧制胜之施招用手、施手用招的基本法则。太极拳亦是本此法则而施招用手、施手用招的。一言以蔽之，即"让，中不让"乃最佳的战术策略。

⑧太极十三字中法，精义揣摩妙更生：

健顺和之至、太和一气的太极拳十三字中所反映出的攻防机制，法法精妙，其中每字之法的攻防精义，都需要修炼者精心揣摩、实践操练、细心体认，如此自然能体会到层层妙境层出不穷，乐趣无限。正如前贤所言：

"处处循规矩，一线启灵明。

一层深一层，层层意无穷。

一开连一合，开合递相承。

有时引入胜，工欲罢不能。

时习加黾勉，日上自蒸蒸。

一旦无障碍，恍然悟太空。"

十三字用功歌诀

逢手遇掤莫入盘，粘黏不离得着难。①

闭掤要上採捯法，二把得实急无援。②

按定四正隅方变，触手即占先上先。③

捋挤二法趁机使，肘靠攻在脚跟前。④

遇机得势进退走，三前七星顾盼间。⑤

周身实力意中定，听探顺化神气关。⑥

见实不上得攻手，何日功夫是体全。⑦

操练不按体中用，修道终期艺难精。⑧

题解

此歌诀专门论述太极十三字致用法则、规矩内容。虽然看起来只明论了八法的内容，但五步的内容其实也随之一并论述清楚了，在"遇机得势进退走，三前七星顾盼间"的说法中，其意已明！此外，在此歌诀中还可以看出太极拳"练用有别、体用有别"的事实。

注解

① 逢手遇掤莫入盘，粘黏不离得着难：

比武较技时，恰逢对手掤劲之势运用得极佳，此时我莫要强行入盘攻击。因为如果对手的掤劲具有粘黏连随的功能，则我得势用手行招就太难了。如果强行入盘攻击，难免要被对手所利用而落败，结果是求荣反辱。这是因为不明战机。那怎么办呢？下面一句给出了解答！

② 闭掤要上採挒法，二把得实急无援：

破坏对手的掤劲势，最好的方法是运使採挒二法：后把手用採法惊弹、前把手实施挒法抖撅。如果前后两把手得实，而又运用得连续紧急，对手的拳势必定散乱而无援手化解，我自可继之进身实施招法以胜之。

③ 按定四正隅方变，触手即占先上先：

掤捋挤按四法之准则规矩与中定用手的法则，是保证自己实施四正手、四隅手及其相互转换变化的基础。前面遇掤实施採挒法，採挒法得手后亦可实施捋挤法以胜之，这正隅互变亦是在情理之中的事情。为保证正隅手互变为用以胜人，需做到在接触上先知于人，如此才能稳握胜机。拳诀讲"起伏进退，得先者王"，亦是此理。

④ 捋挤二法趁机使，肘靠攻在脚跟前：

对方进击我则趁势捋之，如其欲退走我则乘机挤之，总之，顺势而用，借力而发，无不可胜矣！肘靠的方法是近距离的攻防技法。当对手进攻到二门时，可实施肘靠法破之；当我进攻到对手的二门时，可立即实施肘靠法胜之。

⑤ 遇机得势进退走，三前七星顾盼间：

双方比武较技，乘机而进，无隙自退。在攻防进退走化之间，内意要照顾好眼前、手前、步前之三前，才能动转变化自如；眼神要观照对手七星如何而来，审机度势，才能相机而施招用手、施手用招。

⑥ 周身实力意中定，听探顺化神气关：

周身听探、顺化相互为用的攻防实际能力，虽然都由自己的"意"来统一控制裁定，但要知道，神气才是关乎听探、顺化相互为用的根本所在。

⑦ 见实不上得攻手，何日功夫是体全：

双方比武较技，虽以避实击虚为法则，避向击背为方法，但是虚实之说在拳术中较为复杂。就拿"见实不上得攻手"句中的"实"来说吧，它指的是对手防护不严的位置，同时又是对手致败的所在。如果见到了这样可以实取而胜之的部位却不施用攻击手法以制胜，则是不明虚实之理法，不知避实击虚的法则、避向击背的方法。这样修炼太极拳攻防之道，如何才能达到"全体大用"的攻防功夫艺境呢？

⑧ 操练不按体中用，修道终期艺难精：

操练太极拳术攻防之道，本是以健体、致用为顺序的，即健德体、致道用。如果按照《太极拳论》的"由着熟而渐悟懂劲，由懂劲而阶及神明"的说法，则分为"形拳招熟的法身形之体，气、意拳懂劲的法身德之体，神拳神明的法身道之体"三个修炼的层次。三体不同，所用亦不相同。但是，以体求用乃得道的不传之秘。如果不能以体求用，虽然名义上是修炼太极拳术攻防之道，实际上最终难于精通太和一气之攻防技艺。

八字法诀

（七言八句）

三换二抟一挤按，搭手遇掤莫让先。①
柔里有刚攻不破，刚中无柔不为坚。②
避人攻守要采挒，力在惊弹走螺旋。③
逞势进取贴身肘，肩胯膝打靠为先。④

题解

此八字法诀，是专门论述太极拳推手、动手较技之用法基本法则的。其中谈到了内气外形、匹配如一而用的攻防之基本法式，以及触敌接手的破势、开门，入手进身、肘靠制胜的系列内容。故此歌诀是欲精通太极拳攻防之道必研究的歌诀内容之一。

注解

① 三换二抟一挤按，搭手遇掤莫让先：

太极推手的打轮法，每一轮之中蕴藏着两人各自两次抟手法和一挤、一按的四象三换手法。掤劲是贯串每轮始终的劲势，乃无方向、无尺寸的劲势，而抟、挤、按三法乃有定向的劲势。故而搭手遇掤劲一定要占先机，莫要将先机让与对手。那什么是先机呢？就是"彼有力我亦有力，我力在先；彼无力我亦无力，我意仍在先"。只有先知于人，才能先得机于人。所以说"莫让先"，就是要先知于人，才能形随其后以胜之。不单推手如是，就是动手较技亦如是。

② 柔里有刚攻不破，刚中无柔不为坚：

163

以体言，内气阳刚之性，外形阴柔之质。内气外形刚中柔外匹配如一而用，基本法则乃柔化刚发。但是，必须柔化时，外形含阳刚之内气，则对手攻不破，柔中有刚也；攻击时，以阴柔之外形，运用阳刚之内气方为真坚，以柔用刚也。

③ 避人攻守要採挒，力在惊弹走螺旋：

对方来势凶猛或遇对手掤势严密难以开其门户时，要运用採挒的手法破解其势，方能破门而入。由此来看，採挒的手法具有破解攻势、开门进击双重效用。但是，在运用採挒的手法时，劲势是很有讲究的——须在运用惊弹劲的同时，还要形成螺旋的态势，此时效果才是最佳的。

④ 逞势进取贴身肘，肩胯膝打靠为先：

用採挒的手法破解其势或破门而入，则谓之得逞。先手得势时，应及时乘势进身运用肘的钉击、膝的提击、肩胯的靠击制胜。但是，在上述诸法之中，还是优先选择靠法。因为靠法运用的是抖擞劲势，威力最大。诀言："由缩而伸带靠人，以实击虚易为力""拨肘闪步如虎狼，左右靠山不可挡""一身筋节在肩头，带靠从来山也愁""俯肩一靠破铜墙"，从所引用的四个诀言的论述中亦可以看出靠法的威力。

虚实诀
（七言八句）

虚虚实实神会中，虚实实虚手行功。①
练拳不谙虚实理，枉费功夫终无成。②
虚守实发掌中窍，中实不发艺难精。③
虚实自有虚实在，实实虚虚攻不空。④

题解

理解虚实诀，要从体、用二字入手。以体而言：内气阳刚健运不息，独立存在而不改，乃实实在在的功夫，故从实立论；外形阴柔，镇静顺随而不自妄动，亦是实实在在的功夫，但从虚立论。内气、外形柔外刚中匹配如一，亦称虚实配，乃健顺德之体。所谓"浑身无处不虚实，皆此一虚实也"，论说的就是内气、外形的体之虚实！以用而言：内气之体虽从实立论，但有化于无形的虚之用；外形之体虽从虚立论，但有接骨斗榫的实之用。以用法言：惊法者为虚，取法者为实。唐顺之论拳时说："做势之时，有虚有实，所谓惊法者虚，所谓取法者实也。似惊而实取，似取而实惊，虚实之用妙存乎人！"诚哉斯言！

注解

① 虚虚实实神会中，虚实实虚手行功：

攻防较技以顺随为法，故而以补泻法立论：实其实者为补法，虚其虚者为泻法。实其实者的补法也好，虚其虚者的泻法也罢，都是为了给对手"过上加过，不及加不及"。而这种虚实补泻的过上加过、不及加不及之妙法，都在"神知意会"中来完成。至于攻防拳势由虚转变为实、由实转化为虚，全凭手法空灵，行使听探的良知功能，此谓之运觉。这就是"虚虚实实神会中，虚实实虚手行功"一句诀言的精义。

以四象法则论之，即仰之则弥高，仰者为虚，仰之以破之，是为虚虚；俯之则弥深，俯者为实，俯之以解之，是为实实。

② 练拳不谙虚实理，枉费功夫终无成：

修炼太极拳术攻防之道而不明白上述体、用虚实法的道理，枉费心机，最终亦不会功成艺就。此处充分体现了"理精法密艺自高"之诀言的精辟，进一步说明修炼的关键在于明理、得法。

③ 虚守实发掌中窍，中实不发艺难精：

攻防较技的基本法则就是避实击虚。避实者，避其锋芒而虚化自己，采取守势化之，谓之虚守；击虚者，攻其无备之实取而成攻势，谓之实发击之。虚守、实发及何时相互转化的窍要，全在听探、良知功能功夫的掌握之中。虚其虚、实其实的补泻法之运用得当之时，即"顺从以为进退的四两拨千斤，逆力以为揭献的借力打人"之二法，皆为"中实"。如果在较技过程中不能做到"中实即发"，攻防技艺是难以达到功夫精纯、神拳神明大成艺境的，也就不能具备神化之功夫了。

④ 虚实自有虚实在，实实虚虚攻不空：

从自身的"体、用"立论，虚实自有虚实的所在。故而，以体求用，实其实的补法、虚其虚的泻法及其相互为用的根生转化，能够舍己从人、顺势借力、随彼之变化而变化，自然形成攻击之势生生不已、滔滔不绝、源源不断，终必制胜。"虚实自有虚实在，实实虚虚攻不空"一句诀言，体现出对整首歌诀虚实"体、用"之精义的最终总结。

乱环诀
（七言八句）

乱环术法最难通，上下随合妙无穷。①
陷敌深入乱环内，四两千斤着法成。②
手脚齐进横竖找，掌中乱环落不空。③
欲知环中法何在，发落点对即成功。④

题解

乱环诀论述的是曲化直发之顺逆缠丝法。如以攻防拳势论，就是化解的柔行气和击发的刚落点两项内容；如果以神拳神明、无形法身道体的浑圆一气功夫艺境说，则指无形法身道体随意运转的方式。

注解

① 乱环术法最难通，上下随合妙无穷：

乱环者，无非圆环和"8"字环两种基本形式。故而，虽是一势数环，但乱环不乱，因其为一气贯串而成之。其妙处是，在运用中形成对手不可破解之势。枢得环中，应变无穷，是乱环术法的本质论述。然做环之法，有内劲之环法、外形之环法及内劲外形匹配合一相互为用之环法。外形之环法中，有手法、身法、步法及三法合一，拧转法和旋转法环绕；内劲之环绕法式数不尽数。以上数种环转法式先后交互为用，故曰"乱环术法"。鉴于乱环术法内容丰富，不明系列修炼方法之先后顺序始终者，最难贯通而知之。故要先以心使身，身能从心，谓之由己；后再与人较，由己仍是从人，从人则活。顺随为法，渐悟懂劲，懂劲自可阶及神明。及至神明，方可明白"上下随和妙无穷"诸种乱环术法之妙用。正如前贤所言："善变无形又无穷，不疾而速得真宰。"此乃乱环法式的精妙所在。

如大成艺境的"球转珠滚"之法式，就是己之法身道体犹如一个大圆球，而接触点似一堆细小的圆球珠；当对方接触我而实施劲力的时候，我的法身道体犹如一个大圆球转动，接触点似一堆细小的圆球珠同时亦作相应的滚动而击败对手。此乃典型的"乱环法式"之一。

②陷敌深入乱环内，四两千斤着法成：

攻防较技，顺随为法，或黏走，或靠吃，曲化周全而又不撄人之力，自然达至一羽不能加、蝇虫不能落的人不知我、我独知人的境界。或顺从以为进退的四两拨千斤，或逆力以为揭献的借力打人，无不左右逢源。四两拨千斤之四两，乃自身内劲腾挪的四两（下面专题解之）。之所以能破对手之千斤，只因借彼力而用之。如：补结法的腾挪增加四两的方法，泻力法的腾挪抽回四两的方法。总之，就是给对方的不及加不及、过上加过。

延伸阅读

"四两拨千斤" 精义解

四两内劲的存在之分析

传统拳术攻防之道的修炼、健体、致用，遵从内气、外形，健顺参半的宗旨，必须是柔外刚中匹配如一地运用。这就得出了气、意拳懂劲的形用半、劲用对五、阴阳逆从、劲形反蓄、中土常守、中土不离位的基本法式。所谓的形用半，就是一身之外形，分为左右两半角的运用，一半身形用于攻击，另一半身形就用于防守。内劲独立于外形，其在身内独立存在而不改。故内劲的运用亦要分为两份，一份用于攻击之半角中，一份用于防守之半角中。但是，无形的内劲必须以数言，故一三五七九的天地生成之阳数二十五，用于攻击之半角中；二四六八十的天地生成之阴数，用于防守之半角。此乃劲用对五的法式，就是陈谱中所说的"五阴五阳是妙手"。劲形反蓄的运用就是暗劲的法式。在这样的法式中，外形左右攻防互换，内劲左右腾挪，显示不出四两内劲的存在。

这就必须换成另一种运用内劲的计算法式，才能说明。外形还是形用半，内劲不是运用对五法了。而是运用旧制，一斤十六两的法式进行计算。如：左半身之形用于攻击，配以六两的内劲；右半身之形用于防守，配以十两的内劲。转换为右半身之形用于攻击，配以六两的内劲；左半身之形用于防守，配以十两的内劲。在如此左右外形的攻防互换中，有四两内劲随之在身中右左腾挪着。

如以明劲法式来看，四两内劲的腾挪就看得更为清楚了：左半身之形用于攻击，配以十两的内劲；右半身之形用于防守，配以六两的内劲。转换为右半身之形用于攻击，配以十两的内劲；左半身之形用于防守，配以六两的内劲。在如此外形之左右攻防互换中，有四两的内劲亦随之右左在身中腾挪着。

从以上两种法式中都可以体会到四两内劲的腾挪，这就很明确地说出了，"四两"是指自己能够腾挪的那部分内劲。

"千斤"精义解问题提出的缘由

有修炼太极拳术的人说："太极拳是以自己的四两劲拨动对方的千斤力，这充分体现了太极拳'以弱胜强''以小力打大力'的独特特点。"这种说法是对太极拳术攻防技术、技巧、功夫的一种误解。这一观点与拳谚"牵动四两拨动八千斤"的说法犯了同样的错误，就是把"千斤"当作了重量单位。那么拳诀"四两拨千斤"中的"千斤"到底是指什么呢?

太极拳歌诀："掤捋挤按须认真，上下相随人难侵。任凭巨力来打我，牵动四两拨千斤。"其中"牵动四两拨千斤"的四两已经解释过了，就是往来牵动自己的"四两"内劲。

论"千斤"的基本概念

但是，这个"千斤"的实质是指什么？综合来看，太极拳修炼者都认为"千斤"是实际的重量单位一千斤。没有千斤力，哪来的四两功，又如何能拨动他人一千斤的力呀？所以修炼传统拳术攻防之道而尚力者，仍然大有人在！又有人认为"四两对一千斤的力来说"，乃以弱胜强的具体表现，实际上"四两"根本就无法拨得动一千斤的力量。故而，有关"千斤"的问题，时不我待，必须解释清楚了。

其实，这里的"千斤"二字不是表示重量的数量词，而是表示消息、关键的名词。比如自行车"飞轮"中的"千斤"，假使这个"千斤"抬不起来，再用力蹬，自行车也不能前行。让这个"千斤"不能发挥作用，就是"四两拨千斤"要表达的意思。比如撬棍，利用杠杆原理，在加力点上施加很少的力，就可以将数顿重物体撬起来。这也是"四两拨千斤"要表达的意思。其实，"千斤"本来指的就是古时器具的关键部位——"消息"。

比如工具"千斤顶"，它能够顶起一千斤的重量，可是摇"摇把"的力量却花得很少。摇"摇把"，所要表达的也是"四两拨千斤"的意思。千斤顶的"摇把"就是"四两拨千斤"的"千斤"。

再如老鼠夹子，张开老鼠夹子，用别棍挑上拴食饵的竹管豁口，老鼠一咬食饵，别棍脱开竹管豁口，老鼠夹子迅速合住，将老鼠夹住。在这个过程中，老鼠夹子靠弹簧的作用，迅速合住的力有十数斤之重，可老鼠咬食饵的力不过几钱。实际上，是老鼠运用"四两拨千斤"的方法，触动了老鼠夹子上的"千斤"，将自己夹住了。

再有，一个人关门，同时另一个人迅速地将木楔子放置于门缝处，门会立时回弹反打关门者。拿木楔子的力量不大，门反弹回打关门者的力量要大得多。这也是"四两拨千斤"的一种运用。

古人在攻防较技中实施"避实击虚"时发现，只要适时地"点中"对方"动变平衡"的关键部位，对方就会应击飞跌而出，自己并不用花多大的力量，故得出"任凭巨力来打我，牵动四两拨千斤"的诀言。后人又经过不断探索、总结，得出"打穴""点穴"的技法。这里的"打穴""点穴"之"穴"，就是指动变平衡的关键——"千斤"，即人身劲道的关键所在，并非医生所说的能治病疗疾的"穴位"。所以，两者的"穴位"概念有所不同。

攻防拳势瞬间万变，即时点中对方的"千斤"，只有在顺随法中才能得以实施，所以前贤得出"任凭巨力来打我，牵动四两拨千斤"的诀言。一个"拨"字，画龙点睛地将此"打穴""点穴"的功夫形象地比喻了出来。

但在动手较技的过程中，是否以外形手法直接"拨"动对方动静平衡的关键"千斤"？非也！这里接触的是对方的体表，拨动的却是对方体内某个部位，即动变平衡的关键"千斤"。有一个术语"隔物打物"，其中第一个物字是指对方的身体，第二个物就是指那个关键的"千斤"。此外，"人一触我皮毛，我之意（内劲）已入其骨（节）里"，

卷五　牛谱：牛连元转授之杨氏九歌

说的就是我的"四两内劲"已经到了对方动变平衡的关键"千斤"之所在；接着，"接定彼劲，彼必跌出"。"接定"，就是四两劲的"拨"法，"彼劲"就是对方的"千斤"所在之处。

其实，在"以气击气，手方动而可畏"和"以神击神，身未动而得人"的懂劲、神明的艺境中，运用的都是这种方法，即"四两拨千斤"的法式。就连"借力打人"的法式，也是以自己的内劲击打对方的动变平衡之关键"千斤"。如果功夫精纯的话，顺从法、逆力法，都是在"拨动""击打"对方即时动变平衡的关键"千斤"中制胜的，这就是传统拳术攻防之道、内家拳法之尚巧功夫的所在。

能得到这样精深的攻防之功夫，亦非易事！故而前贤说：

> 功夫先练开展，后练紧凑。开展成而得之，才讲紧凑；紧凑得成，才讲尺、寸、分、毫。
>
> 由尺住之功成，而后能寸住、分住、毫住。此所谓尺、寸、分、毫之理也明矣！
>
> 然尺必十寸，寸必十分，分必十毫，其数在焉！故云：对待者，数也。知其数，则能得尺、寸、分、毫也。要知其数，必秘授，而能量之者哉！
>
> 《清代杨氏传钞老谱·太极尺寸分毫解》

此论是说先明"明劲用法"，再求"暗劲用法"，继之而求"毫厘"劲势之用法，但是，必须口传身授才能得知！

其又曰：

节膜、拿脉、抓筋、闭穴，此四功由尺、寸、分、毫得之后而来之。

膜若节之，血不周流。脉若拿之，气难行走。筋若抓之，身无主地。穴若闭之，神昏气暗。

抓膜节之半死，身脉拿之似亡，单筋抓之劲断，死穴闭之无生。

总之，气血精神若无，身何有主也？如能节、拿、抓、闭之功，非得点传不可。

《清代杨氏传钞老谱·太极膜脉筋穴解》

此论是说"节膜、拿脉、抓筋、闭穴"非得明师"点传"不可。这里的"闭穴"，就是封闭对手动变平衡的关键"千斤"。古拳谱《易筋经·贯气诀》中说："红肿高大乃形所伤；截营断卫，莫非气乎？"只有"内劲"才具有"无有入于无间"的功能，即"隔物打物"的"拨动""击打"对方即时动变平衡的关键"千斤"的功能。

从全文来看，内家拳法所说的"尚巧"拳法，就是不与对方所发拳势的"力"直接碰撞，避开对方的拳势锋芒。不管是"顺从以为进退的四两拨千斤"，还是"逆力以为揭献的借力打人"，都是"隔物打物"，"拨动"或"击打"对方的致命弱点——即时动变平衡的关键"千斤"，这才是"弱以胜强、小力打大力、静以制动"以制胜的根本方法、准则。

明白了"四两拨千斤"中"千斤"之实质内容，对理解传统拳术攻防功夫的体、用之内涵意义甚大，免入迷途，少走弯路。这也正是这篇文章的价值所在！

③ 手脚齐进横竖找，掌中乱环落不空：

横者，侧身法；竖者，正身法。攻防进退、手领步载而全身起落侧正变化，寻找对手的空隙所在而攻之，这要掌握乱环之法的跌落点，才能做到手不乱动、招不空发。只有懂劲后方能做到这一点。

④ 欲知环中法何在，发落点对即成功：

乱环的妙法，所在何处？以自身言，乃"用中而得中之用"；以对待言，自己的击发点位和对手的跌落点位吻合，就能取得制胜的效果。

阴阳诀

（七言八句）

太极阴阳少人修，吞吐开合问刚柔。①

正隅收放任君走，动静变化何须愁。②

生克二法随着用，闪进全在动中求。③

轻重虚实怎的是？重里显轻勿稍留。④

题解

"阴阳诀"从太极拳的体、用两方面入手，将吞吐、开合、刚柔、正隅、收放、动静、生克、闪进、轻重、虚实等分辨清楚，又将太极与两仪的体用关系分辨清楚了；同时，阐明了两仪的运用方式、法则。所以，阴阳诀，是太极拳修炼者必须精研、遵依的诀言。只有如此而行，方能精通太极拳的修炼、健体、致用及攻防功夫，直至成就"无形法身道体"的"寂感遂通"，成为太极拳的行家里手。

注解

① 太极阴阳少人修，吞吐开合问刚柔：

太极，以拳事论，分体、用。

以己而言：从体说，太极者，自身有形的内气、外形之总体也，无形的健顺和之至、太和一气也。阴阳者，阴柔之外形，顺之体，主柔化；阳刚之内气，健之体，主刚发。以用论，静为本体，动为作用。柔化刚发为基本法则，以柔用刚乃基本技术方法。

以与人对待之用而言：意气君来骨肉臣为则，顺随为法。柔化刚发，静以制动，尚巧而不尚力。

吞吐者，吞者为阴，吐者为阳，运用时吞中有吐，吐中有吞，是为妙法；开合者，开者为阳，合者为阴，运用时开中有合，合中有开，是为妙法。内气、外形匹配如一，皆俱吞吐、开合之功能。但是，吞吐、开合的运用，要针对彼之拳势的刚柔来定夺。如拳论所讲"人刚我柔谓之走，我顺人背谓之黏"的柔化刚发的法式，就是正确的吞吐、开合之法式。此外，还有"见入则开，看来则降；遇出则合，就去则升"的法式。其中，见入则开是外形开，配以看来则降的内气降。开者为阳、为吐，降者为阴、为合。遇出则合是外形之合，配以就去则升的内气升。合者为阴、为吞，升者为阳、为开。

虽然修炼太极拳术攻防之道的人很多，但是，精心研究"太极、阴阳"体、用之拳术攻防之理法的人却很少。

以上内容是"太极阴阳少人修，吞吐开合问刚柔"句诀言的基本精义。

"太极阴阳少人修"句，古传抄本是"太极阴阳少人究"。修者，如法修炼；究者，精心研究再如法修炼，加以实战印证。所以，"究"比较"修"更精深。究，能够"正本清源"。

② 正隅收放任君走，动静变化何须愁：

太极拳四正四隅之八法，以收放法论：四正手法中的挤、按乃放法，掤、捋乃收法；四隅手法中的採乃收法，挒、肘、靠乃放法。故有"正隅收放任君走"随意变化而用的说法。

以自身拳法论，内气、外形外放者为动、为阳，内收者为静、为阴；听探者为静、为阴，顺化者为动、为阳。明白了正隅、收放、动静的阴阳属性，拳势的攻防变化便能了然于心，实施起来还有什么忧虑呢？

③ 生克二法随着用，闪进全在动中求：

拳术攻防之道，就是生死之道、胜败之道。讲究的是你死我活、你败我胜之道。生者，制己胜之道；克者，制彼败之途。生克者，攻防之道。故攻防招法指生化自己克制对手的手段。一般来讲，防守法式为生化自己的保生手段，攻击法式为克制对手的制胜手段。但是，在攻防变化中常常存在败中取胜、置之死地而后生的法式，这就是防守法式。防守法式原为生化自己的保生手段，也能成为制胜手段；攻击法式原为克制对手的制胜手段，但亦能成为保生的手段。故而，达到攻防招法的攻防生克作用的关键在于顺招随势。这就是"生克二法随着用"一句诀言之精义。

拳诀讲：何为闪？何为进？闪即进，进即闪，何必他求！这里所讲的四正四隅八法之实施的闪进法式，是在双方较技运动的过程中应机顺势而求得的。这就是"动中处静有借法"的精义，讲求的是"听探、顺化相互为用"的法式，体现的是"只有更好地消灭敌人，才能更好地保护自己"的战略法则。以上便是"闪进全在动中求"句诀言的精义。

④ 轻重虚实怎的是？重里显轻勿稍留：

重者，沉也。轻者为阳，沉者为阴；虚者为阳，实者为阴。

内气、外形，柔外刚中匹配如一的拳势有轻沉、虚实的分别，不能呆板地一律对待。轻沉、虚实虽是相互为用，亦要分别对待，才合法式。也就是轻虚则补之，使其不及加不及；沉实则泻之，让其过上加过。然而，若对方的沉实之势中忽然显现出轻灵的劲势，则说明对方已然有备在先，欲变势而进退，这时切勿滞留，应即时采取相应的攻防技法以取之，这才是战胜对手的强有力的手段。这就是"轻重虚实怎的是？重里显轻勿稍留"一句诀言所欲表达的精义。

十八在诀

（四言十八句）

綳在两臂，捋在掌中，挤在手背，按在腰攻。①
採在十指，挒在展肱，肘在屈使，靠在肩胸。②
进在云手，退在转肱，③顾在三前，盼在七星。④
定在有隙，中在得横，⑤滞在双重，通在单轻。⑥
虚在当守，⑦实在必冲。⑧

题解

"十八在诀"，简单扼要地论述了包括綳捋挤按、採挒肘靠八法，进、退、顾、盼、定五步，中、双重、单轻、虚、实工十八法运用的技术要点。此乃攻防中的基本法式，修炼者必遵之而行，方能体会到其精妙所在！

注解

① 綳在两臂……按在腰攻：

掤法，具有两臂圆通变化柔韧性似弹簧而又具有不撄人之力的特点。其劲势的形成，正如诀言所说：柔中有刚攻不破。掤法的这一特点，在《五要诀·八要》中被说成"掤要撑"。而这"撑"字的涵义，就是上面所说的掤法劲势之特点。掤法难在轻灵如羽的不撄人之力而又攻不破的劲势上。但是，绝对不是指两手臂形状的圆撑！

将法，在于手掌中轻灵的顺势摩擦劲势，凡力气者，皆错也。挤法，乃顺缠法而用后背驱动的劲势，亦如诀言所说"挤在手背"。

将法和挤法，是一对吞吐、伸缩相互为用的法式。然将法难在轻灵的人一挨我皮毛，我之劲意已入其骨里；挤法难在前空后丰的攻防机制，"挤他虚实现"，同时对手又不觉得是挤法。

按法，以双手按住对手膀臂，将手中轻灵的劲意定在对手的后足根，同时要用腰顶的劲势催击，才能将其掀起跌翻。按法难在双手轻灵地按住以起敌之足后跟，始终不离此位，如此腰顶之攻才能奏效。以上乃四正手法的运用之精义。

② 採在十指……靠在肩胸：

採法，靠的是手指的撂带惊弹抖搋的劲势。尤其是下採对手的腕部，可使对手脑中一片空白地跌翻在地。故而，这种採劲莫要轻易地运用，因为有可能造成对手脑震荡或颈椎部受伤。

挒法，展开肱骨驱动小臂外展的抖击法，运用时常将对手抖向其左右的斜后方令其跌倒。

太极推手中"採挒"是一对相互为用的手法，一手採其腕部，彼欲回夺，另一手则顺势运用挒法抖其肘弯大臂处胜之。

肘法，是用肘的种种击打之法式，肘法有上挑肘、下砸肘、左横肘、右横肘、中顶肘五种击打的用法。肘法劲势凶狠，故有"宁挨十手，不挨一肘"的说法。

然而，肘的用法，不在于屈肘之形，而在于肘劲的运用。不管对手挨着我小手臂的哪一个部位，我之劲意在肘，就既可化解对手的攻势，又可攻击对手，此乃肘劲的妙用。

四正四隅八劲别中的掤捋挤按、採、挒、靠七法，不以身体部位命名，除"肘"其原因不在屈肘用法的肘打上，而在"肘劲"的运用上。

靠法，乃肩、背、胸腹、胯等部位的抖搬劲势之用法。靠劲之势浑厚雄猛，威力较大，故有"俯肩一靠破铜墙"的说法。

③进在云手，退在转肱：

三十七式中的云手，乃进步摆挑下撩阴的攻防手法，虽名为进手法，实际关键在于及时进步与后步之跟进，如此手法才运用得严密紧凑而致效。退在转肱是指"倒转肱"的攻防手法，此招又名"倒撵猴"或"连三把"，乃退步诱敌深入用手的法式，此用手法正如歌诀所言："百骸筋骨一齐收，后手便顺何须恐。"诀中的"后手便顺"，就是指在退步中前把手防护引领对方攻击之手，后把手同时击向对方的胸腹、门面。

④顾在三前，盼在七星：

在实施攻防技法的始终，都要用意照顾好自己的眼前，即头端、面正、眼勿闲。能"一眼罩三关"，才能及时审机度势：照顾好自己的手前，做到曲诚化解清楚、直线攻击及时到位；照顾好自己的脚前，才能步履轻灵，如舟车载身，进退腾挪到位及时准确，能给攻防手法创造有利的位置、时机；同时，还要以眼神观察对手的头、肩、肘、手、胯、膝、足七个部位攻防的势态。做到来而不拒、去而不留，顺势实施攻防手法以催之，则无不胜焉！

⑤定在有隙，中在得横：

以定用手、以重击中，是指当对方出现了防护不严之空隙时才能乘隙而进击。当然，有隙而进击，无隙自退，乃常规之法则。然而，当对方防护严密时，就要调动对手使之出现空隙，此乃"权变造势"之法。善于此者，乃善于攻防之道矣！双方较技，身法有竖有横，竖向的劲势浑厚变化周全，横向的劲势单薄变化单调，故而攻击对方的时候，优先选择对手的横面，较容易战胜对手，这就是"中在得横"的精义。中，读四声，音种。

⑥滞在双重，通在单轻：

双重者，自身不能安轴定位，外形手足不能上下相随，不能阴阳逆从、劲形反蓄。以上任意一条，都是犯了自身双重之病。与人较技，不能顺随为法而犯顶、匾、丢、抗之一病者，皆为对待中的双重之病的范畴。自身安轴定位、中正安舒、中土常守、中土不离位，外形手足上下相随，阴阳逆从、劲形反蓄，上述三条做到了，才是自身通灵的单轻之功夫。与人较技，能以顺随的粘黏连随为法而施招用手、施手用招，是谓对待中通灵的单轻之功夫。

⑦虚在当守：

双方较技，当对方没有暴露攻防的意图及劲势方向的时候，谓之"虚"。因为此时无所从之，只能采取我守我疆、防守虚以逶迤的态势，或浅尝带试诱彼而动，此谓之虚在当守。

⑧实在必冲：

双方较技，对方暴露出来攻防的意图及劲势方向的背面空隙之所在，谓之"实"。此时必全力以赴实施攻击手段以胜之。

五字经诀

（五言二十句）

披从侧方入，闪展无全空。①担化对方力，搓磨试其功。②

歉含力蓄使，粘黏不离宗。③随进随退走，拘意莫放松。④
拿闭敌血脉，扳挽顺势封。⑤软非用拙力，掤臂要圆撑。⑥
搂进圆活力，摧坚戳敌锋。⑦掩护敌猛入，戳点致命攻。⑧
坠走牵挽势，继续勿失空。⑨挤他虚实现，摊开即成功。⑩

题解

这一首"五字经诀"五言二十句，从披手法开始到"摊开即成功"止，系列论述了进身、接手、尚意不尚力之顺随法式，不攖人之力的施招用手、施手用招之黏走法，以及具体的闪展法、担化法、搓磨法、蓄势法、进退法、拘意法、拿闭法、扳挽法、掤劲法、搂进法、催击法、掩护法、坠牵法、掤挤法等的运使之规矩、法则、作用及效果，清晰而又明了。

这一歌诀，应与流传的二百四十句"五字要言歌诀"共同观读，效果更佳。拙作《龙涎集》中对此歌诀有详细的阐释，可参阅。

注解

① 披从侧方入，闪展无全空：

披法者，手腕肘肩相应以动半身之力也。此法自古有之，前贤对披法的见解，已经相当精辟了，这可从"披法歌诀"得到印证，录之如下。

一、披无真传，静悟书旨

披揭机关不可言，千金无虚觅真诠。

非为真诠人不识，纵识真诠真不传。

我欲人间留秘诀，不遇知音也枉然。

大道无传终斩绝，载诸书旨遇诸缘。

二、披揭身式

蹉身披揭手平肩，须教拳尖对脚尖。

休将身步交十字，更嫌乘手压胸前。

三、披揭手法

披揭蹉身披到底，反掌撩阴高揭起。

连肩带肘往前推，后手加推循环理。

四、披挂身手重如泰山

披手挂入身骤坐，莫把手儿先快落。

更加身步往前推，力大金刚也打挫。

五、单披手诀

披人力在肘和肩，连披带劈耳门鞭。

推跟只用肩头掇，压倒还须肘吐尖。

六、辟沿习十字披之谬

世传十字披推裹，不知一字连身坐。

千字裆里如翻身，一字披人无逃躲。

七、披揭披兜当辨

三盘名式欠披承，口谈披揭打披兜。

不知反复循环变，错打兜拳当揭扭。

八、操练披揭·毋忽人言

披揭操成莫大功，休听盲人毁正宗。

举世尽嘲者道异，谁知异处是神通。

《张横秋秘授跌打抓拿·万法统宗》

从以上八首有关披法的专论歌诀之中，可以看出披法的重要性。所谓披法，就是"一字连身坐"，即歌诀中所说"披从侧方入"的法式。

运用披手法，需要身法、步法的闪进、展开之连续运作，才能攻防制胜、才不落于空处，这就是"闪展无全空"的精义。不单披手法如是，一切攻防手法的实施都要遵此法则而运使，方能奏效。有关闪展法式的要妙，前贤亦有论述，录之如下。

> 问曰："弱可以敌强，何也？"
>
> 答曰："在偏闪腾挪"。
>
> 偏闪空费拔山力，腾挪乘虚任意入。
>
> 让中不让乃为佳，开去翻来何地立。
>
> 《张横秋秘授跌打抓拿·千金秘诀二十首》

从歌诀中可以看出闪展法的要妙有三点：一是偏闪避开对手的攻击之势，二是腾挪乘虚进击对手，三是在闪展过程的始终，虽是闪让，自己的中枢不能让于对手。有了第三条，才有了实施闪展法之保证。

② 担化对方力，搓磨试其功：

实施闪展法始终都要运使掤劲法式，以承担化解对手的力势而做到不撄人之力，如此才得以闪展腾挪退进自如；同时，还要运用搓磨的技巧试探对手的虚实，以便随势调整自己的攻防法式以制胜。这就是施招用手、施手用招过程中的"担化对方力，搓磨试其功"诀言的精义。

③ 欸含力蓄使，粘黏不离宗：

运用闪展法时，自己劲势力量的运使要含蓄到不撄人之力的状态，才能实施粘黏连随的黏走相生、化打合一的法式以取胜。这是太极拳术实施攻防技法永远不可脱离开的宗旨。

④ 随进随退走，拘意莫放松：

能够在较技过程中实施粘黏连随的法式，就能够做到随彼进

183

则退、随彼退则进的进退变化自如。这就需要实施者以精细的听探功夫探知对手的微妙变化,精妙的顺化功夫随其变化。

有关黏走相生、化打合一的技法和艺境之论述,就是"人刚我柔谓之走,我顺人背谓之黏"和"彼此呼吸成一体"的说法。

⑤ 拿闭敌血脉,扳挽顺势封:

血脉者,劲道、劲路也。在较技过程中实施粘黏连随的法式之施招用手、施手用招,可以随势实施拿法封闭对手的劲道以胜之。或运用下扳法、上挽法等手段,顺势封闭对手的劲道以胜之。

⑥ 软非用拙力,掤臂要圆撑:

太极拳术柔化刚发,是通过正确地修炼形成的听探、顺化相互为用之自然能力,本是意气君来骨肉臣、意气运动为功夫,并非运用外形血气硬横的僵拙之力气。有关气力和力气的分别,可观读《清代杨氏传钞老谱·太极血气根本解》一文。掤劲要圆融饱满,就是触处成圆形走化、劲势圆融饱满的意思,并非指两手臂之外形的形状之圆。这一点在《太极拳经》歌诀中有明确的论述。

太极拳经

寒往暑来,谁识其端?千古一日,至理循环。

上下相随,不可空谈;循序渐进,仔细究研。

人能受苦,终跻浑然!至疾至迅,缠绕回旋。

离形得似,何非月圆;精炼至极,极小亦圈。

歌诀中"离形得似,何非月圆"一句,就将劲圆而非形圆论说清楚了,故而明白"掤臂要圆撑"乃劲势圆融饱满的意思,而非外形的状态。

⑦ 搂进圆活力，摧坚戳敌锋：

对手击来，我施搂手顺势而进。在进之途中，时时刻刻要做到顺对手变化而变化。此种能力，名为自然的"圆活力"。如对手以左直拳击我胸部，我左手由其外搭而进之；对手以"海底针"势俯肩进步靠击，我顺其势左肩后撤，右肩击其左肩后背处；对手摇身，以其右肩后靠击我右肩头，我急抽右肩，使其右肩的后靠击落空，同时，我以右肩内靠击对手右肩头处，对手必败矣！上述连续的闪化、进击变化即圆活力的运用。只有运用此自然圆活力才能摧毁对手坚固的防线，直戳对手锋线而击败对手。此种"以柔用刚"的技术实施的结果，源于内气、外形的刚柔相济功夫。

⑧ 掩护敌猛入，戳点致命攻：

接上文"搂进圆活力，摧坚戳敌锋"的法则，接手问招时虚惊、实取相互为用。虚惊之招，对手不防，变实取而用；实取之招，对手有防，变虚惊而施。似惊实取，似取实惊，才能蒙蔽对手，当掩护自己进入到击打对手之地时，得手用招之刚落点向对手的致命处击打才最有效。如果是平常较技，所谓的致命处乃"跌落点对即成功"之点，即能将对手击倒、使其跌出的点位，并非"下阴、嗓喉、双眼、双肾"的危害性命、健康的致伤、致残、致命部位。

时代不同，较技对手不同，所谓"致命"部位也应有不同认知。这才是理解前人论述之精义的正确方法，如此才能更好地继承传统拳术攻防之道的理、法、术、功的宗旨，为今人所用。

⑨ 坠走牵挽势，继续勿失空：

较技攻防中，用招出手的下坠势、扳手势、牵手法、挽手法等，皆是掩护自己用于近身攻击对手的过渡招法。运用时，随势而变，千万莫要落入"空"处而处于失势状态。所谓达到行招用手的"不空"艺境才是真功夫。"不空"是由"来脉听真，转关通灵"功夫所决定的，必能做到"对手变化我变化，我意在人先"。拳诀"出手用招，不从空处出，不向空处落；拳不空出，拳不空回，拳不打空"，皆是"勿失空"用法的论述。击敌之实，是最佳的选择。

⑩挤他虚实现，摊开即成功：

众多招势手法皆可用"挤法"，尤其是逼迫近身的招法，其中皆存在"挤"法运用的"机势"。挤的目的，是让对手不能任意动转变化，同时又让其失去"中枢"控制的能力，此时再发招用手，对手无不应击而跌出。

太极拳真传秘法五要诀

一、六合劲

拧裹，钻翻，螺旋，崩炸，惊弹，抖搜。①

二、十三法

掤捋，挤按，採挒，肘靠，进退，顾盼，定（中）；

正隅，虚实，收放，吞吐，刚柔，单双，重（轻）。②

三、五法（又名五步）

进法，退法，顾法，盼法，定法。③

四、八要

掤要撑，捋要轻，挤要横，按要攻，採要实，挒要惊，肘要冲，靠要崩。④

五、全力法

一

前足夺后足，后足站前踪。

前后成直线，五行主力攻。[⑤]

二

打人如亲嘴，手到身要拥。

左右一面站，单臂克双雄。[⑥]

题解

此问因含有六合劲、十三法、五法（即五步）、八要、全力法五个内容而得名，实际上都是浑圆一气的攻防功夫。

注解

①拧裹……抖擞：

所谓六合劲，是指在传统拳术技击中，拳法要求人的健顺之体必须符合六合一体。首先是要有攻防变化作用的形体，其次使形体按一定攻防招法具备拧裹、钻翻、螺旋等蓄放劲的态势，再次保证崩炸、抖擞、惊炸等六合劲发劲之法的运用，最后来完成技击招法攻防的最终任务。

从上述分析可以知道，六合劲的十二个字之所以名"六合劲"，是指身法六合和内劲上下、前后、左右六向腾挪合一而用。在传统拳术攻防技击过程中，它既是做到的形体态势的名称，又是内劲运用势态的名称，还是运用"劲势"方法的名称，也就是说，六合劲十二个字是劲形合一的身法名、劲法名、用法名，三法内容同时存在。六合劲具备这三重含义，也可以理解为形劲合一、劲势蓄发的基本方法、准则，以此方法研究六合劲之实质不难矣！此乃研究六合劲的着眼处。六合劲的提出，也是以这种方法研究的结果。如以六合劲专为劲名，或为形体名，或为用法名，都将陷入片面的认识。

此六合劲十二个字，虽然是就六对组合而言的，却是一字一法。

拧者，在于骨的拧转。手臂之肩、肘、腕三节，身法的腰、脊、颈三节，腿之胯、膝、踝三节，乃全身九节，其顺逆拧转完成拳势攻防的形架及变化，故拧为六合劲的第一个字。

裹者，裹在皮肉中之内劲，有裹合紧凑之坚的作用。劲势只有裹得紧，才能放得开，从而有攻防之效用。然裹法只有在内劲势中体认方为真切。故知，拧裹者乃内劲外形相互为用之法式。由此而知，六合劲的题名立意乃出自形意六合拳门的拳术理法中。

钻者，如钻之钻孔前行也，拧裹之续势也。有拧裹法方有钻之用也，即螺旋前进之劲势也。

翻者，翻板之势也。物极必反，手法顺缠出手拧裹之钻至极，必然翻转为逆缠回手之式；原回手防护之拳，必然要翻转为顺缠出手的拧裹之式。故翻者，变化之法也。由此而知，翻者还有手法身法、步法及三法合一的法式。

螺者，拧裹、旋转起落进退之法式，因类似田螺外壳的纹理而得名。

旋者，围绕中枢转动的法式。有手法、身法、步法及三法合一的旋转之分别。拧转和旋转是有区别的，各种拧转法基本上中轴原位不动，而旋转法乃自己的中轴亦随之而动。也可以说，拧转为自转法式，旋转乃公转法式。

崩者，山崩地裂之劲势。靠法如山崩之势，劲势浑厚威猛。

炸者，拳诀云："气如火药拳如弹"，即炸弹炸开之劲势。"炸"字，有写成"砟"字的，而"砟"字作碎石解，于拳法之劲势不合，故而取"炸"字。崩炸二字的劲势之区别在于用法，凡靠法者皆为崩劲，俗有"靠碑断石"之说，即用靠法可以将石碑靠断；而炸劲，除靠法外皆为炸劲。炸劲，爆发突然而又激烈。由此可知，崩劲的威力大于炸劲的威力。

惊者，出其不意、疾如闪电，令人吃惊的劲势之方法。常用于虚惊或惊弹的手法中，劲势运用有大小之分别。

弹者，拳势如弹丸之疾。"气如火药拳如弹"之势，谓之点拳，故惊弹法不易分开而用。

抖者，短距离的颤抖之劲势也。如金鸡抖翎、骡马抖毛的劲势。

搜者，搋之谓也。搜之劲势较抖之劲势悠长细腻。抖搋常合用，因其不易分开的缘故。

②掤捋……单双，重（轻）：

此十三法中的前段乃太极拳传统的十三法，也称十三势。至于后段，如是六法半，则和前段的六法半，正好合为十三势，或曰十三法。

所有的问题，都集中在前六法半的"定（中）"和后六法半的"重（轻）"之内容上，分析清楚了何为半法，问题也就解决了。

定和中的关系，拳诀讲："逢中必定，定必用中。"逢中必定，说的是中土不离位的步法之法式和中土常守的手法法式两项内容。定必用中，论说的是以定用手的攻防技法的内容，即以防守之手为定彼之位之手，另一手方能有效实施攻击，从而给对手以有力的打击而制胜。而此"以定用手"中之"定"，也要运用自己的中来控制定位之手。可知中定、定中是不可分的一对相互为用的关系。

重和轻的关系，从体立论，上虚下实不倒翁就是上轻下重（沉）的身法，体现的是相互为用的关系。以用法立论，顺从以为进退的四两拨千斤，乃轻灵的技法；逆力以为揭献的借力打人，则是重创的技法。如以"寄奇于偶内"的观点来看，虽是备有二法，其时只能用一法而已。因此，将此两法视为一法中的两个"半"法，也是合理的。这样，将前段十四个字视为六法半，亦将后段十四个字视为六法半，合之便是十三法，也是合情合理合法的。题名将此定为十三法的精义在于此。

太极拳十三法的二十四个字，每字都有自己的具体所指之内容，故而需要每个字都精心研究，认真体认，方能明了于心。其他文中都有具体的注解，此处就不赘述。

③进法……定法：

前面已有详细的注解，故而不再论述了。

④掤要撑……靠要崩：

这是简单论述八法练用之要诀。

掤法的运用，要以圆融黏走、靠吃的不撄人之力而又不受人之力为功夫。将此法的效果命名为撑法，则指要轻灵敏捷到他人不知，才能不存在他人借力袭击之弊病，是为功夫。

挤法的实施，要由正身变化为侧身来用。运用时针对彼之身侧面攻击其脊柱，效果才最佳。施用时有彼此两个横身法的技法，故曰"挤要横"。横是侧身法。

按法的实施，关键在于我手按住对方的后足根，且始终不离此点位。配合腰催身的过身法之进击才能奏效，故曰"按在腰攻"，简曰"按要攻"。

採法的运使，在于採在十指紧凑的实实之摺带，才能达到攻敌制胜的目的，故曰"採要实"。

挒法的实施，关键在突然间肱骨伸展，实施抖擞惊弹的炸劲之势，给予对手意想不到的打击，故曰"挒要惊"。

肘法的运用，关键在于八方冲顶的劲势。而肘的种种用法，关键在一个"冲"劲。此时冲字读第四声，方为正法。

靠法的运用，乃敷法一片的崩炸抖擞的劲势，故曰"靠要崩"。

⑤前足夺后足……五行主力攻:

发人放劲有基本四种方法:上打背发劲,下打尾发劲,中打鲤鱼打挺,全身发力法(内含正侧两种法式)。此是论述正身发劲法式的诀言。下一首歌诀是论侧身发劲法式的。

正身疾步直进,手与后足跟、腰、鼻准成一条直线。五行本一气,是实施全身进击的主宰,如虎扑式。

⑥打人如亲嘴……单臂克双雄:

近身短打,手到的同时身法劲势要如波之涌。侧身进击要有单臂控制对方双手变化的能力,一鼓作气以胜之,如披手法,或扑面掌、斜飞势的手法。

卷六

宋谱：宋书铭传钞太极拳谱

八字歌诀

（七言八句）

拥捋挤按世间稀，十个艺人十不知。①
若能轻灵并捷便，粘黏连随俱无疑。②
採挒肘靠更出奇，行之不用费心思。③
果能粘黏连随字，得其环中不支离。④

题解

这首歌诀，是通过对比当时习武练拳之人知道与不知道太极拳八法，来申明太极拳以拥捋挤按、採挒肘靠的顺随为法则、粘黏连随为技艺，最终达到神拳神明的艺境的。歌诀进一步说明，粘黏连随之技法的实施至效，是与生俱来的听探之良知、顺化之良能的相互根生、相互为用的结果，这并没有什么神秘之处，而是后天精心修炼成的先天一气的功夫。

注解

① 拥捋挤按世间稀，十个艺人十不知：

力头打力尾之黏走相生、化打合一而生化出来的拥捋挤按四正手法的攻防技艺，在当时的习武者中，知道有此攻防之道的人，实在是太稀少了。稀少到了什么程度呢？十个习武练拳的人，十个人都不知道此种攻防技艺的存在。

② 若能轻灵并捷便，粘黏连随俱无疑：

拥捋挤按四正手法攻防技艺的修炼，能够练到一羽不能加、蝇虫不能落、内动不令人知的轻灵艺境，并能够达到一触即发的捷便境界，这是遵从施手用招、施招用手之顺随法则，粘黏连随技法修炼出来的。对于粘黏连随法及遵从粘黏连随技法而能够修炼成的攻防功夫艺境，不要产生任何疑虑。

③采挒肘靠更出奇，行之不用费心思：

不但是掤捋挤按四正手法如此玄妙，采挒肘靠四隅的技法，实施起来更具有出奇制胜的效用，并且，这四正四隅八法的实施，不用浪费心思来考虑，全凭见境生情、随机用势、自然而然。之所以能如此的根本原因，在于运用的是人与生俱来的本能（听探之良知，顺化之良能）的相互根生、相互为用。

④果能粘黏连随字，得其环中不支离：

如果正隅八法的实施，既能够做到自己虚实相连、内外一而贯之的周身一家之粘黏连随，又能与对手彼此呼吸成一体，乃得"枢得环中，应变无穷"之大成虚灵妙境，已经达到神拳神明的攻防功夫艺境了。这就不是拳打脚踢的一般修炼者支离破碎之攻防功夫可以比拟的了。

心会论
（八言六句）

　　腰脊为第一之主宰，丹田为第一之宾辅；①
　　喉头为第二之主宰，掌指为第二之宾辅；②
　　地心为第三之主宰，足掌为第三之宾辅。③

题解

无形的拳道，乃道心也。道心者，"以天心为体，以元神为用"的体用一元者也。天心者，自己的道体法身。然天心者，妙圆之真心也，佛家谓之妙明真心，儒家谓之理心，道家谓之道心。心本妙明，无染无着，清净之体，稍有染着即名之妄也。此心是太极之体、虚无之象、阴阳之祖、动静之机、天地之心，故曰天心。元神者，乃不生不灭、无朽无坏之真灵，非思虑妄想之心。天心乃元神之本体，元神乃天心之妙用。故拳以如如不动妙圆天心为体，以不坏不灭灵妙元神为用也。此乃拳家"心神""体用"之真谛。形意拳云"静为本体，动为作用"，即言此也。

本文论述的是有形之拳术功夫修炼之基本内容，就是健体筑基、形拳招熟的小成功夫艺境之内容。

注解

① 腰脊为第一之主宰，丹田为第一之宾辅：

修炼拳术攻防之道之初要修炼小成的形拳招熟艺境，而形拳招熟的攻防技艺"以不动之腰脊，催动动之手足"为法则。因为腰脊是内气上下开合运行的通道，不能执"令旗"而行使号令三军的职能，故而说腰脊为第一主宰。由于初修内功，内气尚不能成为主宰一切之君王，故而先为臣辅。因为在形拳招熟的攻防功夫小成艺境，内气刚刚具有贯通筋骨壮形骸的辅助功能。

② 喉头为第二之主宰，掌指为第二之宾辅：

动手攻防较技有三关要点，既上关眉间、中关齐项、下关脐带。其中的中关齐项，就是指喉头部位。拳诀言："三要喉头永不抛，问尽天下众英豪。"因为此处乃身法横斜，曲直扭跨、腰腿动止、手肘起伏之中枢，故而为主。虽然喉头为主，但喉头又不能自保。能很好地保护喉头部位安全的，只有双手的掌指，故双手的掌指为喉头的宾辅。喉头处中，双手在外，此亦是内主外辅之精义。掌指，在这里就是攻防手法的意思。

③ 地心为第三之主宰，足掌为第三之宾辅：

地心二字有写成"心地"的，此处遵从地心说，具体论之如下。

这一要诀的根据是《周身大用论》中的"一要心性与意静，自然无处不轻灵"的说法。这里的"地心"说的是"心地"。关于地心，《于（于化行）本》作"心地"，并注之曰："心地——道德之根于心，犹农产物之出于地，故无天资之厚薄曰'心地'。慧能解释说'心是地，性是王'。"这样，就可以理解"心地"是指开始修炼三十七式太极拳术攻防之道的健体、致用之功夫时的心理状态而说的，即在何处用心。如果将心机用在以"用意不用力，尚德不尚力"的修炼法则为基础的正统方法上，自然而然地会遍体真气流行，脚底生风，浑身轻灵空透无比。有关此精义的论述，前贤早已有之，录之如下。

> 出奇本乎平常，出妙由于拙笨。故匠之诲人也，能使人以规矩，不能使人巧。善哉斯言也！且出快之要，非能接天地之呼吸、难至高超。欲得接外呼吸，当补内壳之三宝。凝坚而后，则目光清活圆润，面见金色，干中润泽，周身若绵，声音响中绵软，此为内足之证。外佐以操练之功，久则风从足下生。到如此境界，方谓天根月窟常来往，三十六宫都是春。时乎可与天地通气机，与仙人通言语，借日精月华以自补、合太极为一体、内外合一。
>
> 《浑元剑经·剑髓千言》

如果用功臻大成、"以天心为主，以元神为用"的体用一元之艺境来对比，可知"地心""天心"之说法是有修炼攻防功夫的始与终之区别，由此可以知道这里用"地心"二字，是以如何用心的心态为主要内容，也就是第一条的腰脊为第一之主宰、丹田为第一之宾辅"心领体会"的法式精义。

虽然这样解释"心地"二字的精义是毫无疑问的，但是以此解释"地心"二字的精义，未免有些牵强了。如以修炼的身法概念来说，百会穴乃为天心。相对而言，地者，双足也；心者，中也，中枢也，中土也。故知地心者，就是两脚中间的三分之一范围内了，这里又名中土之位。拳家的身步法规矩，有中土不离位这一条。这条规矩是保证立身中正、动变平衡的法则之一。而中土不离位的规矩、法则，是初习拳者难以把握、最容易犯错而又不觉知的。

此外，还有第二条"喉头为第二之主宰，掌指为第二宾辅"的说法。这条说法重在论说在内主外从的机制中，喉头为两手梢节之中枢地位。既然论述了双手与喉头的中枢与梢节之主从关系，那么接着论述双脚与中土之位的关系亦是情理之中的事情。

故结合上述两条内容可知：地心，指中土不离位。初修者，可以遵此方法、准则修炼攻防动变的"中土不离位"之功夫了。

周身大用论

（七言八句）

一要心性与意静，自然无处不轻灵；①
二要遍体气流行，一定继续不能停；②
三要喉头永不抛，问尽天下众英豪；③
如询大用缘何得？表里精粗无不到。④

题解

周身大用论，分形拳招熟，气、意拳懂劲，神拳神明三层攻防功夫艺境来论述。"三要喉头永不抛，问尽天下众英豪"句，是论形拳招熟；"二要遍体气流行，一定继续不能停"句，乃论气、意拳懂劲；"一要心性与意静，自然无处不轻灵"句，则论的是神拳神明。只有攻防功夫达到神拳神明的艺境，具备神化之功，才能称得上练就了"周身大用"的功夫，即健身、技击，功德艺境并行不悖，实现"打拳原为保身之计"的设想。

周身大用，就是"全体大用"功夫，就是大成的神拳神明艺境，具备神化之功无形无象的无极功夫境界。因为，从体能立论，就有"报身体能、灵妙体能、魂魄体能、心智体能、灵性体能、宇宙体能、得道体能"七种体能的化分，而这七种体能，皆是不完善的有形之体能。透过这有形的体能修炼，方得无形无象、圆融完善之道体的体能。之所以名为"大用"，一是无形的道体为大，故曰大；二是到此艺境，方能健身、技击，功德艺境并行不悖，才能真正实现"打拳原为保身之计"的目的，此乃修炼太极拳术攻防之道最大及最终的目的，故曰大。（八个体能的精义之论述，请观读拙作《龙涎集·八个体能的论说》一文）

注解

① 一要心性与意静，自然无处不轻灵：

心性者，道体法身的灵性；意静者，敏捷的听探之良知的功能。合而言之，就是具备神以知来、智以藏往的自动化攻防能力。具备此能力者，自然攻防动变浑身无处不轻灵了。功夫轻灵者的攻防动变来无影去无踪，一阵清风疏忽。按照太极拳的说法，就是不攖人之力的一羽不能加、蝇虫不能落，人不知我、我独知人的大成功夫艺境。

②二要遍体气流行，一定继续不能停：

内劲健运不息，一气九节贯串，虚实相需，内外一而贯之，方能具备攻防拳势生生不已、滔滔不绝的动变能力。

③三要喉头永不抛，问尽天下众英豪：

具备尾闾中正神贯顶，满身轻利顶头悬的身法功夫，也就是喉头不抛的法式；再加上双手时时卫护，自己一身卫护周到严密而对手无隙可乘，当然可以与天下的英雄豪杰谈拳论道、拆拳较技、定高低品评艺境了，以此便可倾心结交众英雄豪杰为友。

④如询大用缘何得？表里精粗无不到：

如果要问周身全体大用的攻防功夫，缘何而得？得自：外表形体的柔弱无骨通灵的顺从能力，内里内劲健运不息、微妙玄通的前知能力，内劲外形匹配合一柔化刚发的能力。精粗，是说外形功夫为粗，内劲功夫为精。

十六关要论

蹬之于足，行之于腿，①
纵之于膝，活泼于腰，②
灵通于背，神贯于顶，③
流行于气，运之于掌，④
通之于指，敛之于髓，⑤
达之于神，凝之于耳，⑥
息之于鼻，呼吸往来于口，⑦
浑噩于身，全体发之于毛。⑧

题解

本文论述了修炼太极拳术攻防之道的十六处关键要点：足、腿、膝、腰、背、顶、气、掌、指、髓、神、耳、鼻、口、身、毛。这十六处关键涉及攻防机制的建立、完善及功夫艺境。

注解

① 蹬之于足，行之于腿：

形意拳诀言："脚打踩意不放松，消息全凭后足蹬。"足分前后，后足的后足跟为蹬劲，前足的前足掌为踩劲。前后足有蹬踩劲，才能完成步法载身之进退辗转腾挪的变化运使。《九要论》中说："步乃一身之根基，运动之枢纽也。以故应战、对敌，皆本诸身，而所以为身之砥柱者也，莫非步。随机应变，在于手；而所以为手之转移者，又在于步。进退反侧，非步何以作鼓荡之机？抑扬伸缩，非步何以示变化之妙？"即谓观察在眼，变化在心，千变万化而不至窘迫者何？莫非步为之司命？而要非勉强可致之也。动于无心，鼓舞出于不觉，身欲动，而步为之周旋；手将动，而步亦早为之催逼，不期然而已然，莫之驱而若驱，所谓上欲动而下自随之者，其斯之谓欤矣？"

由上可知步法之重要了。蹬之于足，还蕴藏着内劲运行以壮大拳势的功能。如李亦畬《五字诀》中说："四曰劲整：一身之劲，练成一家。分清虚实，发劲要有根源：劲起于脚根，行之于腿，主于腰间，运化于胸，发于脊骨，形于手指。又要提起全副精神，于彼劲将发未发之际，我劲已接入彼劲。恰好不先不后，如皮燃火，如泉涌出。前进后退，无丝毫散乱。曲中求直，蓄而后发，方能随手奏效。此所谓借力打人、四两拨千斤也！"（带点者为笔者所加，以全其文意。——笔者）

上述两项内容，才是"蹬之于足，行之于腿"句诀言的全部精义。

②纵之于膝，活泼于腰：

纵者，乃曲直之意。膝为腿、步法之中节，具有中枢调控作用。腿、步法的进退辗转起落、曲直变化之运使的关键在于膝，故曰：纵之于膝。腰为一身之中节、上下之中枢，具刚直坚固的发放之用，又具圆融灵活柔化的功能；同时又是内劲升降开合之枢纽。诀言"腰顶穷研生不已"一句，已将"活泼于腰"的精义表达得淋漓尽致了。

③灵通于背，神贯于顶：

传统拳术的身法讲究背圆胸方。背不单具备内劲的开合升降之功能，还具备内劲的左右肩倒换的功能。《内功四经·内功经》中说："提颏以正头，贴背以转斗，松肩以出劲。"其中贴背以转斗，就是气贴背以便于左右手的攻防劲势之转换，此名"通背"。气贴背利于内劲及时转换到斗骨处。斗骨，腕部小天星处，即小指侧的腕部桡骨头处。而两手亮架报门之势，又称"斗门"，因"手为两扇门"的说法而得名。

神贯于顶的说法，乃指会阴穴、百会穴上下一气贯通所形成的顶头悬之势，自然具备一神朗照巅顶、居高临下的神光普照而自明的功夫景象，又曰"心能普照，气自周全"的功夫景象。善此者，方能满身轻利灵便。

④流行于气，运之于掌：

周身内气上下、左右、前后运行而又健运不息，全在于双手攻防、领气的自然运行。这就是"流行于气，运之于掌"句诀言的精义。此处说明"领马"清楚，自成规矩身不乱。

⑤通之于指，敛之于髓：

劲达四梢，内劲圆满之景象：骨梢者牙齿，齿欲断筋骨梢足；筋梢者指甲，甲欲透骨筋梢足；血梢者毛发，发欲冲冠血梢足；肉梢者舌头，舌欲催齿肉梢足。果能如此，四梢足而后气自足矣！岂复有虚而不实、实而仍虚者乎！内气敛之于髓，达之于皮毛，则骨梢、筋梢、血梢、肉梢依次而充足矣！

⑥达之于神，凝之于耳：

一气灵明不昧，谓之神。何谓灵明不昧？即自动化的神以知来、智以藏往之功能，也就是流行于气、运之于掌、通之于指、敛之于髓，达到神明的艺境。

然而如何才能达到柔弱无骨的通灵艺境呢？这就需要修炼凝神于耳的内功。具体方法是：肝主筋，开窍于目；肾主骨，开窍于耳。在内功修炼中，眼随内气的运行内视筋的刚柔，而筋自然刚柔之韧性增强；凝神于耳，以耳聆听骨之刚柔，而骨自然刚柔之坚韧性增强。这一内气运行配以观听的法式，修炼效果较单纯的内气运行法大大提高了，时间亦缩短了不少。

⑦息之于鼻，呼吸往来于口：

此句歌诀论的是口鼻呼吸之事。以我的练功经验来看，太极拳修炼的是先天内气功夫，内气的修炼、运行凭借内炼功法的意识活动来控制，不受口鼻呼吸的限制和约束。此句应为："息之于田，呼吸往来于道（路口）。"因为在形拳招熟的功夫层次，内气的运行是以丹田为核心，阳发阴收地运动着的。这一点，太极拳修炼者一定要分辨清楚。否则，理解有误，功法出现差错，会久练而无功。

⑧浑噩于身，全体发之于毛：

后世称远古为浑噩之世，即浑厚淳朴的时代。以太极拳的修炼而言，"浑噩"乃指健顺和之至、太和一气、太极道体法身的浑厚淳朴。正如老子所描述的那样："其上不徼，其下不昧，绳绳兮不可名，复归于无物。是谓无状之状，无物之象，是谓惚恍。迎之不见其首，随之不见其后。执古之道，以御今之有。能知古始，是谓道纪。"此时人一触我皮毛，我之内劲已入其骨里，如皮燃火、如泉涌出，丝毫无差地将人跌出，此谓之"临皮静"的功夫，也就是沾衣十八跌的功夫。

功用歌决
（七言四句）

轻灵活泼求懂劲①，阴阳既济无滞病②。
若得四两拨千斤③，开合鼓荡主宰定④。

题解

此歌诀论述了修炼太极拳应从何处用心求攻防功夫的问题。第一要从内气、外形，阴阳和合、刚柔相互为用，轻灵活泼中求得懂劲；第二再从懂劲中，求得四两拨千斤的技法能力。有了四两拨千斤的功夫，自己的法身道体的主宰位置自然就确定了。以此可知太极拳是健身、技击并行不悖的修炼法门。

注解

①轻灵活泼求懂劲：

太极拳的修炼基本法则是意气君来骨肉臣，就是意气运动为主、外形从之，故而拳势轻灵活泼，千变万化。活泼，意味着圆融灵通，并以此来求懂劲。何谓懂劲？就是先知道自己内气、外形的柔化刚发之劲势的功能，自身上下相随、一气贯串而不犯双重之病，自能由己；而后在对待中实施粘黏连随的方法，运用以柔用刚的攻防技法，乃能从人。上述内容做到了就是懂劲，也就

马国兴释读杨氏老谱三十二目

是通阴阳、明刚柔、解动静、懂虚实、贯方圆、得机势、知进退、晓胜负，俨然一个太极拳的练家子了。

②阴阳既济无滞病：

阴阳既济分体用，以体言，健之体阳刚之性、健运不息，为君主；顺之体阴柔之质、镇静厚载，乃臣民；健顺参半、匹配如一，柔外刚中，柔化刚发，运转灵通，乃由己的阴阳既济无滞病的功夫。以用说，人以刚来，我以柔走；人用柔化，我以刚逼。正所谓："柔中有刚攻不破，刚中有柔方为坚。"能如此而灵通者，是谓之刚柔相济无滞病的功夫。

③若得四两拨千斤：

四两内劲的形成及千斤的含义，在前文《乱环诀》"陷敌深入乱环内，四两千斤着法成"的注释中解释过，此处不再赘述。

为何牵动四两就能拨千斤？

前贤云：拳者，权也，所以权衡物之轻沉者也！然其理法实根乎太极，而其用不遗乎两拳。两拳者，攻守之两法也。且人之一身，浑身上下左右都是太极，浑身上下左右都是拳，不得视一拳为拳也。

所谓两拳攻守之两法说，如以刚柔法论，无非就是柔化刚发之两法，就是立身中正如平准，动变圆活似车轮，偏沉则随。偏沉于己，柔以化之；偏沉于彼，刚以逼之。然在柔化法中，确有明柔、暗柔之两法，而在刚发法中亦有明刚、暗刚的两法。不管是明暗的柔化法，还是明暗的刚发法，及至二者相互之间的转化，都是四两内劲的腾挪之用法所完成的。刚发也好，柔化也罢，无非是运用四两内劲的"补、泻"之作用的结果。

下面再从补泻的方法来认识四两内劲拨千斤的实质。先看前贤是如何论述的。

补泻气力于自己难，补泻气力于人亦难。补自己者，知觉功亏则补，运动功过则泻，所以，求诸己不易也。补于人者，气过则补之，力过则泻之，此胜彼败，所有然也。

气过或泻，力过或补，其理虽亦然，其有详夫过补为之过上加过，过泻为之缓他不及，他必更过，仍加过也。

补气泻力于人之法，均为加过于人矣。补气名曰：结气法；泻力名曰：空力法。

《清代杨氏传钞老谱·太极轻重浮沉解》

此论中的"补于人者，气过则补之，力过则泻之，此胜彼败，所有然也"的说法，就是牵动四两拨千斤的种种攻防技术方法的描述。解之如下。

补于人者，不管是气过则补，还是力过或补，运用的都是四两内劲运行到接触点刚发的法式。不管运用的是明刚还是暗刚的法式，结果都是一样的：此胜彼败。不管是力过则泻，还是气过或泻，运用的都是四两内劲从接触点吞吸运行回到自己身内其他部位柔化的法式。不管运用的是明柔还是暗柔的法式，结果都是一样的：此胜彼败。这就是《太极拳经》中所言的攻防功夫境界，录之如下。

粘黏连随，会神聚精；运我虚灵，弥加整重；
细腻熨贴，中权后劲。虚拢诈诱，只为一转；
来脉得势，转关何难？实中有虚，人己相参。
虚中有实，孰测机关？不遮不架，不顶不延；
不软不硬，不脱不粘；突如其来，人莫知然。
只觉如风，催倒逃翻；绝妙灵境，难以言传。
试一形容，手中有权；宜轻则轻，斟酌无偏；

宜重则重,如虎下山;引视彼来,进由我去;

来意听真,去贵神速;一窥其势,一觇其隙。

有隙可乘,不敢不入。失此机会,恐在难得!

一点灵境,为君指出。

此歌诀中的"手中有权;宜轻则轻,斟酌无偏;宜重则重,如虎下山",就是对如何牵动四两内劲以成补泻二法之势的精辟描述。而"不遮不架,不顶不延;不软不硬,不脱不粘;突如其来,人莫知然。只觉如风,催倒迭翻;绝妙灵境,难以言传",就是对牵动四两拨千斤之攻防效果的精辟描述。

由以上的论述解析可以发现,太极拳法的要妙即遵从无争为争的无为法式。较技运动,唯柔与刚;彼以刚来,我以柔往;彼以柔来,全在称量轻沉(以我手称住人之手,如称称物;以我之心度人之心,量其上下迟速,或半路变换机势);刚中寓柔,与人不侔;柔中寓刚,人所难防。运用在心,不矜不张;中有所主,无任猖狂;随机应变,终不惊慌。"随机应变"之精义,除外形的拳式顺随其变化以外,主要的就是自己的四两内劲亦要随机而腾挪变化,才有制胜的把握,故而不会惊慌。

如以开合法式来看四两内劲的腾挪运用效果,就有开则以开打之,合则以合打之。其妙在顺随为法,手足无在非转圈之时,即无在非打人之地。吾岂有心打人哉?吾自打吾拳,亦行所无事而已矣。拳势的开合变化,本身就存在牵动四两内劲以破解对手的开合之妙用。这就是"意气要换得灵"的精义,即四两内劲的变化要换得灵通及时之谓也!

④开合鼓荡主宰定:

拳势者,无非形势的开合、劲势的鼓荡。劲势的开合、形势的鼓荡,不管是前述哪种拳势,意气君来骨肉臣的法旨都是既定

207

不变的。

授密歌

（四言八句）

无形无象①忘其有己，全体透空②内外如一。
应物自然③随心所欲，西山悬磬④海阔天空。
虎吼猿鸣⑤锻炼阴精，水清河静⑥心死神活。
翻江播海⑦气血流动，尽性立命⑧神充气足。

题解

授秘歌，就是传统拳术师中传秘授的真诀。此八句阐发的是"文练法"中的练功方法，或练成的上乘功夫艺境，句句是真，字字珠玑。因为此八句没有字面上的直接联系，出处又不一，故有人认为它们分属于释、道、易三家，有人认为是隐语，甚至有人认为这是故弄玄虚。修炼太极拳术攻防之道的人，不明其精妙而多忽视之，实为遗憾。

故此，我以自己对拳术攻防之道的见解以及自身功夫修为的体会阐释之，以明前贤立意的精微之旨、拳道精深之妙。

注解

① 无形无象：

太极拳术攻防功夫，如果修炼到道体法身、无形无象的艺境，已经达到前知的自动化阶段，只有唯道是从，故曰：忘乎有己，即忘乎有己之欲妄。正如吴殳论神化功夫艺境时所说："神化者，我无所能，因敌成体；如水生波，如火作焰。"这一论述，充分表达了忘乎有己的精义。

"无形无象"，就是前贤所说的身体如同九重天的"肌肉若一"的艺境。

② 全体透空：

此乃修炼到全体透空的太极艺境之火候，就是内外如一之"毛发松弹守三阳"的大成艺境，就是"身体如同九重天，玲珑剔透，内外如一"的简略说法，正如前贤所形容的法身道体之"放之则弥六合，其大无外；卷之则退藏于密，其小无内；卷放得其时中，丝毫无差"的功夫景象。

③ 应物自然：

神拳神明的艺境具备神化之功的无上境，名之曰：随心所欲的境界，具备应物自然的功夫。

④ 西山悬磬：

行功之间更有三字诀，乃"清、静、定"也。清字，存神泥丸，如水清月朗，风轻日暖；净字，一气到脐，思看取莲花净之意；定字一气至海底停住，思如泰山之稳，外诱难挠，如松之茂，如秋阳之清暖，如露之含珠、月之浸水。其坚如刚，其柔如絮。刚柔再合而为一，自泥丸一想涌泉，浑浑澄澄，无碍无停，久则神光聚也。此乃　神朗照巅顶的海阔大空之光明景象。

⑤ 虎吼猿鸣：

按中医"五脏神"学说，虎乃肺之神，猿乃心之神。虎吼猿鸣乃言说拳术中"呼吸导引"的练功方法，是拳术修炼中"炼精化气，炼气化神，炼神还虚"的功夫及内劲的生成和运使，是元神内感通灵无碍的方法。古云："心息相依，久成胜定"，即是指此方法。

《玉皇心印经》云："上药三品，神与气、精。人以此精、气、神三者生化身，亦以精、气、神养此身于世间。"习拳者亦不例外。

修炼拳术真功夫，唯神与精，只用先天，忌用后天，先天是元神、元精，此两者是有变化、有神通之物。后天者，乃思虑之神、交感之精，此两者乃无神通、变化之物。然二气者，先天是"元气"，藏于"丹田"气海之中；后天是呼吸之气。此两者亦谓之"母气与子气"，又名曰"祖气与宗气"。内劲生成之本，乃元精气化而成。然必用后天呼吸以成其能。

故自身虽有元气存于丹田气海之中，若不得后天呼吸之"气催化"，亦无以采取"元精"烹炼、气化而生成内劲。其具体练功方法为"心之猿引导后天"呼吸之气。一呼一吸、一来一往内运之气，"呼则接天根，吸则接地轴，呼则龙吟云气，吸则虎啸风生"。绵绵若存，归于祖气即丹田中，炼"阴精"以化生阳气而成内劲，故内劲从阳。再练阳气以化神。虽有呼吸之气，若不得元气，亦无以成"练气化神"，启动元神通灵无碍的功能。元神不在心中而在脑中。功夫修炼先以神助气。练的气纯阳可定，再以可定纯阳之气而助神，神气具定，气至无而神至纯阳，独定独觉，即谓"炼气化神"。炼气化神以"凝神入气穴"的"武火"为法，炼神还自身虚空之体内以"凝神照气穴"的"文火"为法。引心火下行入气海丹田内，是谓"凝神入气穴"，即气沉丹田，又名"收心猿，拴意马"。又如"气入丹田，气射丹田，气炸丹田，声田内转"等，皆为"武火"练法，是一般初习拳术攻防之道的内功练法。虽然拳法已有脑中元神为主而用，然诸攻守的方法皆以"法无为"的实法为主。习练拳术攻防之道再练上乘功夫，必以凝神照气穴的文火方法为主，即气沉丹田，再以脑中元神凝神敛聚神光照射丹田气法，似守非守，若有若无，勿忘勿助，功久自然体内虚空，元神自然常在腔子里，这就是"炼神还虚"，亦是拳术攻防之道由法无为转入到无为法的转法之时。初到此功时，神若出身体，便收回来。神返身中，气自回，功至此时，渐得"内感通灵"。此时亦无意守之说，即不专守一处、不专守一法，也就到了拳法体道的阶段了。

由上可知，初期炼精化气，以识神为气的归依，炼气化元神，又以气为元神的归依，神气不相离，方成胜定，胜定即最上乘至虚无的功夫，炼元神还自身虚空的体内，神更通灵而无滞碍，全身内感通灵功夫成，自得一派神机任意行的"知来藏往"的上乘拳术功夫艺境。故前人所云"虎吼猿鸣"锻炼阴精之法，全身阴精七十二，合八九之数，即指上述的每项练功方法。由此可知，一切内功方法皆可为拳术功夫所用，内健身体，外用于武事。

⑥ 水清河静：

练功方法中有"金生丽水，清之至"的方法，即凝神入气穴的方法，为后天法。水乃"天一生水"的真水。无极桩功夫中有真水"沐浴法"，又名"真气沐浴法"，拳术界称为"升降法"，又曰"吸提呼放法"。其功诀云："修之不辍体，庶气云雨行，淫淫若春泽，液液象解冰，从头流达足，究竟复上升，往来洞无极，怫怫被容中。"此属先天功法，即"无形无象"的功法，可成无极功夫。

此处的河，乃"爱河欲海"的简称。河静是说，修炼内功，排除内外一切"欲妄"意念，平气、虚心、实腹、返观内视，寂然不动，一灵内养，以感内知神通，是谓神活。凡练内功，"欲妄"意念断绝，是为心死，心死则神活。练内功用心的识神欲妄的意念求功夫，则水不清、河不静，不清不净，是心不死，心不死则神不活，故前贤言说"水清河静"是心死神活的功夫。

⑦ 翻江播海：

人体形同自然，乃从天人合一的论说。自然界有江河湖海，人体内亦有江河湖海。脊柱为银河，心为血海，肾为气海，脑为髓海，胃为水谷之海。五藏各有液，所主之位，肝东、心南、肺西、肾北、脾中央，乃所谓的五湖。小肠上下九曲，是名九江。小肠之下谓之元潭。顶曰上岛，心曰中岛，肾曰下岛。三岛之内院谓之阆苑。华池在黄庭之下，瑶池出丹阙之前，昆池上接玉京，天池正冲内院，风池乃心肺之间，玉池在唇齿之内。神水生于气中，金液降于天上。从以上列举所谓江河湖海，不外乎气血津液而已，皆属水。人乃阴以精血造化成形，阳以艮火——肾中命门真火，心中君火——生真气。真气聚，人体康健；真气弱，人易成病。人体生化之理已然明白。修炼拳术攻防之道的人，如何保证自己身体内气血周流不息、火水相济、坎离相交、阴平阳秘？翻江播海是总法则之一。所谓翻江播海，广义讲即"真气流行"和"真气聚敛"。气为血之帅，气行血行，真气流行，气血周流，生生不已。翻江播海不是指具体某一种功法，而是指在修炼诸内外功方法中应注意"阴阳相济"是法则、"水火相济"是功夫。练功法中又有具体专以江海属水而命名的，如"三咽九吞津法""摇山晃海法""真水沐浴法"及周天功的"银河倒流法"和"金水相生法"等，皆属于"翻江播海"概念的功法。

⑧尽性立命：

前贤立言：修炼太极拳术攻防之道，明"体用"而具大功德的人，"尽性立命"便是。一切"功法"的修炼皆是为此"四言"所统，修炼一切内外功法皆以达此四言为宗旨。得者通拳之练用之法，明天之道，自修以达贤、圣、至、真矣！于传统拳术攻防之道可通明透彻知始终，可谓修行"大成"。

性即是神，命即是气。性命混合乃先天之体，神气运化乃后天之用，故曰"性命"，而非神气。"神充气足"为性命之宝，乃有武事之用。神充气足、性命坚定即是功夫。

性，火也；命，水也。性命，水火本源，或者以气为水，以神为火，似是而实非。虽说"性、命两途"，其实本同一处：命无性则何以生？性无命则何以立？故需性命双修，打成一片，混合而为一物。性命即神气，神气即性命，但觉可聚而不可散、可合而不可离者是。

主者命也，客者性也。因有身则有命，有命则有性。性从命立，命从性修。是以命为性之母，故为主；性为命之子，故为客。故太极拳法修炼皆从"内练一口气，外练筋骨皮"的修身立命开始入手，然以"练拳始练性"为主导。以此可知：修炼太极拳术攻防之道，以"性命双修"同时开始为法则，二者相辅相成，即练精、气、神之法。前贤大家习拳以终身"练己"为宗旨，尊从儒家所言"君子安其身而后动，易其心而后语，定其交而后求"，故能全明拳也。孔圣患虑之深，启"迷暗"之人以明光，备练拳人的情实。一语一动一求，三者乃练拳入圣的至理，真"养己"的要言。宝精裕气，养己；对镜忘心，炼己；常静常应，练己；动求伏应，炼己；积功积德，练己。苦行其事为炼，熟行其事曰练。修炼拳术攻防之道的人必先炼己，苦行忍辱，行功练拳，方至纯熟，体悟大道，以明"尽性立命"之真意。忘无可忘，乃能成就"尽性立命"的大功德。

> 性命初非是两门，当知性命互为根。
> 若能修命兼修性，方合一源大道真。
> · · · · ·
> 文修文来武修武，文武生本一条根。
> 武用文体保性命，气足神充功纯真。

上面两首歌诀乃习拳练己的座右铭。何为"己"，心中一

念耳！静之性，动之真意。"静之性"，性乃心，乃神。"动之真意"，拳决云："命意源头在腰隙。"真意，乃命意，气意，肾意。肾，作强之官，伎巧出焉！故从"心、肾"言拳术，乃心机和肾之作强、伎巧也；若从"静之性，动之真意"言拳术，乃"静亦制动，动亦胜人"；若从"神、气"论拳术，乃神气充足的神气合从"道"论功夫。一阴一阳是为道。太极者，道也，拳道是也。以上三层功夫，层层皆有"尽性立命"的意境，但都以"神充气足"为功夫根本。

故习拳练武，当知"性即神，命即气"。性中之神，在天为电光，在地为水光，在日为阳光，在月为金光，在人为神光，然此光乃先天乾金之光，即阴阳和合"太极之光"。人修文武内功，合"神、气"以生此光者，即为得"太极之光"。阴阳和合是为"尽性立命"之本，清明灵光是为内明功夫。内明功成，具"元神"明知内外动静精微变化的功能，是为"神明"拳法。因元神通灵，故而周身无处无光芒。

在未得"内明"功夫时，得元神"明照"，内已成劲。故内劲已具有"神以知来，智以藏往"的功能。待内明功夫修成，再得"通灵的元神"主宰，神明拳术功夫成矣！神化之功成矣！

内劲，乃丹田气足，经修炼所得，是正确练功夫的产物。因其无形无象、若有若无，故以气言，或以意言，真名乃"内劲"。中华拳术功夫独讲"内劲"，故不以力言拳。筋劲骨力乃本身形体固有的，亦非此内劲。拳中言形，已含筋劲骨力。劲形配合，逆从为法，产生拳势之用，故"以柔用刚"是功夫，此为中华拳术精髓。

神与气合而用之，故神气不可分。然论理必须分讲。前贤有言"含精者，饱含真永之精以练己；养神者，外养全体之神以合气"，即是分开论理、合而用之的道理。

修炼太极拳术攻防之道的人应该知道：太极拳术修炼的"内劲"乃神与气合则为一而用的结果。修炼"金丹大道"，亦是"神与气"合则为一而成金丹。只是修炼方法后期不同，故各有所成。如能以合成金丹的功法修之，金丹若成，一生受用。若小守三年，乃立小功果，长守九年，是大功果。金丹合成，乃顷刻之间一次合成，即获大智慧，攻防之道已达上乘艺境，可体修"拳道"功夫，自得尽性立命之功德。

用功五志

博学①是多功夫。审问②是听劲。
慎思③听而后留心想念。明辨④生生不已。笃行⑤如天行健。

题解

《中庸》的"博学之，审问之，慎思之，明辨之，笃行之"，本是儒家修身治学、齐身济世的方法准则，在太极门中引用，是用来阐发修炼太极拳术功夫的法则及其道理的。

太极拳《宋谱·用功五法》中说："博学，是多功夫。审问，不是口问，是听劲。慎思，听而后留心想念。明辨，生生不已，滔滔不断。笃行，如天行健，笃行而不倦。"即是运用中庸之道的学说，简明地注解了太极拳术攻防之道的修炼、健体、致用功夫实际的内容。

注解

① 博学：
每一个修炼太极拳术攻防之道的人，首先要明白为何要文

体修内、武用外数；文健体、武用精为什么要法分三修、游历三境，经过九个阶段方能成功。因为必须"上知天文"，即学习天体运行、天时变迁的法则规律、历法的产生，观天象以知道"处中以治外"的道理，明历律而知数的运用；"下知地理"，即学习地质形成的渐进性，地形、地貌高低宽窄的变迁，高山、平原、江河湖海等地利的运用之道，以明拳法形体攻防占位的运用；"中知人事"，即了解历史的进化变迁，风俗人情的特点、异同、亲疏远近、交往离合，以明拳术攻防往来变化的运用。儒、道、释三教的学识，九流即各行业知识及其道德，五经四书、诸子百家的论说，无所不览，因开卷必有益；医农兵工商各家学说无所不习，因其理法、警言无不可用于拳术的修炼和运用之中；各门派拳种的理法，凡能获得的无不精研之，明理知法而修炼自身。此外，哲学、文学、历史学、社会学等文科，数理化、信息论、系统论、控制论、统计学等理科学说无不涉猎，琴棋书画，无所不好；花鸟鱼虫，无所不爱——皆能做到"钻得进去，悟得出来"，为习拳所用，大有补益。如以工笔画技的境界练招法，可做到招法变化一丝不苟，而以大写意的画技境界用招法，可做到随心所欲用招法而招招出神境、法法达真意的高境界。这样从多方面、多角度、多方位，多得拳术攻防之道，就是"博学明天道，专一练拳术"的方法，亦是博学的意义。

只有以博学为基础，才能法分三修，游历三境，"成功一也"。法分三修，就是内功的上乘之修，外功的下乘之修，内外合一的中乘之修。游历三境，即小成的形拳招熟，中成的气、意拳懂劲，大成的神拳神明，并具备神化之功。功臻至此是为无上境，此乃"成功一也"之精义。这就是博学的真正精义。

②审问：

研究学问探本究源，层层剥透，处处鉴真。修炼太极拳术攻防之道亦如此，正因为有较全面的博学广识的、坚实的学问基础，才能在太极拳术内外功夫的修为上审察太极拳术理法术功。内外功夫的来龙去脉梳理清楚，理法术功各方面的学问研究明白，才能毫无偏见、全面系统地继承前人的太极拳术功法学问，"取其精华"，练法得当，少走弯路，以最少的时间达到最好的功夫艺境，故能在变化运用时，"出招问得清楚，来者听得明白"，把握胜机而立于不败之地。

③ 慎思：

所谓慎思，就是独立思考。即将文体修内、武用外数的内外功夫所学，通过自身反复修炼、印证及谨慎周密的思考，留心揣摩，将之理顺而又使之通达。这样可把所学的理法术功更好地变为自己的身体力行。而"有心练功，无意求功"功自出的法则，即平时用心谨慎周密思考的意思。"默想功法"即慎思方法的一种体现。故其所学才会有所从舍。管子曰"思之、思之，鬼神通之"，即拳学功法专一而思，再在自身求解印证，则无不可以通之。况太极拳术乃"存心养性，修身立命"之道，修炼至内以强身健体、外以攻防运用护身才可谓见真功，由此可知慎思是修炼的上法。

④ 明辨：

正因为有博学的广识，审问清楚太极拳术理法术功各方面的来龙去脉，又通过慎思默想消化吸收、不断地实践印证，才具备了明辨各门派、各拳种的拳术攻防之道的理法术功以及精华内容所在的能力，使其自然一理贯通。故能于修炼拳术内外功夫时，法法皆备，法法皆通，法法是真，法法出功夫，法法生艺境。在实际印证的较技过程中，自身的"神意气劲形中"内外合一，以柔用刚，形神兼备，招法攻防变化"生生不已"，出神入化的运用"源源不断"，自然而然间上乘功夫出焉！

⑤ 笃行：

每一个修炼太极拳术攻防之道的人，都应当自觉地一心一意地效法天的"刚行健"，即像天体运行周而复始，努力不懈地博学、审问、慎思、明辨，力求达到拳术功夫的上乘艺境，造就自己。正因为一心一意研练太极拳术攻防之道的理法术功，形意体用，文体修内，武用外数，而不妄为，自不知疲倦，才能有太极拳术攻防之道上乘功夫艺境的大收获。矢志不移，持之以恒，必有功焉！

四性归元歌
（七言八句）

世人不知己之性①，何能得知人之性②?
物性亦如人之性③，至如天地亦此性④。
我赖天地以存身⑤，天地赖我以致局⑥。
若能先求知我性⑦，天地授我偏独灵⑧。

题解

四性：四者，天地、物、人、己；性者，热涨、冷缩、轻升、沉降。

归元：元者，四物之原始也；归无形道体之本元也。

天地、物、人、己与归无形道体之本元的性质是一样的，都具备热涨、冷缩、轻升、沉降的特性。每个人修炼太极拳术攻防之道，都要正本清源，都是本此法身道体之特性而练用的。这就是"四性归元歌"阐述的精义。

注解

① 世人不知己之性：

性者，法身道体也，纯阳之体。正如《三字经》中所言："人之初，性本善。"说的是人的最初法身道体的本性是完善圆满无损的。而世间之人多为名利欲妄所迷，反而不知自己法身道体的本性为何物，不能认识自己法身道体本性之应物自然的神通之功能。

② 何能得知人之性：

不知己之性体及其应物自然的神通之功能，又何能以己之法身道体的性能，揣度他人之性体的功能动态呢？

③ 物性亦如人之性：

万物热涨、冷缩、轻升、沉降的性状，就是人的法身道体之性体的基本功能性状。

④ 至如天地亦此性：

就是天地，亦是具备热涨、冷缩、轻升、沉降这些应物自然之性状功能的。这就是万物一理、天人合一之理法的根本源头。

⑤ 我赖天地以存身：

我之身体，内气为天，阳刚之性，健运不息，乃万拳资始的君主；外形如地，阴柔顺随，镇静厚载，乃万拳资成的臣民。天地合德以生人，我依赖自身的天地合德，以保存我的身体健康之存在，在较技攻防中以制胜。

⑥ 天地赖我以致局：

自身的内气、外形之天地，皆依赖我的阴阳合德，刚柔有体，以成天地之撰的局面，这才是健身、技击功德艺境并行不悖之通往神明艺境、境界的道路。这体现了"打拳原为保身之计"的种种益处。

⑦ 若能先求知我性：

修炼太极拳术攻防之道，能够在内外功修炼的过程中，既知道内功修炼时要明心见性，又知道运用自己的法身道体之柔化刚发，是谓"知我性"，即练拳先炼己之性的精义。

⑧ 天地授我偏独灵：

能够清楚知道自己法身道体之性能，便自然能够做到应物自然了，以攻防技击的应物自然而言，就是"听探之良知、顺化之良能及其相互为用的自动化能力"，具体方法就是"人刚我柔谓之走，我顺人背谓之黏"的一点子黏走相生、化打合一的"避向击背"的法式。只有如此而行之，才能做到：左重则左虚右已去，右重则右杳左已去；仰之则弥高高不可攀，俯之则弥深深不可测；进之则愈长长不可及，退之则愈促促不可解。此法具有一羽不能加、蝇虫不能落的不受人之力之灵通；具有人不知我、我独知人的独明高照之明。故才有"英雄所向无敌"之说法的成立。

无极歌
无名氏作

（七言四句）

无形无象无纷拏，①一片神行至道夸。②
参透虚无根蒂固，③浑浑沌沌乐无涯。④

题解

此歌诀充分肯定了无形无象的法身道体的存在，赞颂其功能的神妙！修炼太极拳术攻防之道，只有修炼到无形无象的无极之无上艺境，才能体会到浑浑沌沌乐无涯的无穷乐趣。

注解

① 无形无象无纷挐：

纷挐，语见《史记》"汉、匈奴相纷挐"。挐，音拿，牵制的意思。纷挐，犹言纷争牵制。如果太极拳修炼到"毛发松弹守三阳"以上的"无形无象"的法身道体艺境，也就不存在与对手纷争牵制的现象了，此时攻防功夫艺境显示的是"来无影去无踪，一阵清风疏忽"的景象。正如前贤所说："至于中气，能令敌人进不敢进、退不敢退，浑身无力，及其危难。足下如在圆石上站着不敢乱动，几乎足不动即欲跌倒。此时虽不打敌，敌自心服。""犹难者，以柔软含蓄坚刚，而不外施。用之应敌，以柔软接坚刚，使坚刚化为无有。神明艺境，化境之极也。"这两段论述都是说明"无形无象"的法身道体、攻防功夫艺境的，也只有到此功夫艺境，才能不被对手所牵制。

② 一片神行至道夸：

诀言："有形练到无形处，练到无形是真功。"功到以无形无象的"天心为体，元神为用"，法身道体一片神行，无影无踪，至道至极。故而，与人交手较技，一羽不能加，蝇虫不能落；人不知我，我独知人。英雄所向无敌，有谁不交手称赞呢！

③ 参透虚无根蒂固：

修炼太极拳术攻防之道，不在于拳术套路招式的外在形式，关键在于参透自己无形的法身道体之存在及其具备的攻防能力，如此才能获得战无不胜的真实功夫。这也是诀言所说"固灵根而静心者，修道也"之精义！

④ 浑浑沌沌乐无涯：

至于自己的法身道体之性状是何种情景，慧能法师悟道后，有段论述可以为证：何期自性本自清净，何期自性本不生灭，何期自性本自具足，何期自性本无动摇，何期自性能生万法。

这段论述所说的就是自己的法身道体所具备的神以知来、智以藏往的自动化的功能。因所动生万法并非识神的功能，而是识神在不知不觉中完成的，故称之为"浑浑沌沌"。太极拳术攻防之道修炼功臻神明的神化艺境，健身、技击功德艺境并行不悖，实现了"打拳原为保身之计"的设想，当然无穷无尽享乐其中了。

延伸阅读

无极，虚空静笃的意思。虚是无形无象之境界，虚则至灵；空则非空，不空而空，虽无形无象无质但"有"；静则内中寂然，空虚无一动其心之境；笃乃至诚之道，可以前知，忽有不测之事，虽不闻不见，而能觉而避之。此境界乃传统拳术功臻练虚合道之真境，即无中妙有的道境。而无极的虚空之意境，于拳术攻防变化相当重要，这要与无极功夫境界分开认识。无极境界是指功夫达到练虚合道之大成艺境而说的。虚空的无极艺境是指运用的方法而言，即虚则无形无象，空则非空之妙有，是传统拳术攻防招法变化莫测的根本所在。拳谚说："松得干净，发得干脆。"其中松得干净，就是无极意境。好的拳手功夫，在攻防变化过程中，无极意境无极态势的持续时间相对长，太极意境运用微明时间相对短。"处在无极虚空的态势"中可随机势任意变化攻防招法，自身无牵扯吊挂之弊病，内有八面玲珑之变化，外具八面之威风。此即"无生有，有化无"，

"无极—太极—无极"攻防转化过程，也证明了"虚胜实"的法则。能完全明白此功夫含义者，多已达到巧手以上技击功夫水平了。正因为在较技中处在无极虚空的态势，即无极意境，造成对手无处可击、无法可击、无时可击的无可借用的态势而自己则处在随处可击、法法可击、时时可击的有利态势，体现出传统拳术功夫虚无无极艺境之无极态势的重要性。此乃太极拳术上乘功夫之用法，达到了"无形如大气"之真功夫艺境。

太极歌

太极原生无极中，混元一气感斯通。①
先天逆转随机变，万象包罗易理中。②

题解

此歌诀清楚地点明，修炼太极拳术攻防之道，要想达到全体透空、彼此呼吸成一体的太极攻防功夫艺境，必须修炼内功。只有获得浑元一气的功夫，才能进入通往大成艺境的道路。同时又指出，修炼太极拳术攻防之道，需要法分三修、游历三境，历经九个阶段，才能"成功一也"。太极拳术修炼、健体、致用及攻防功夫艺境升华之内容虽然繁杂，但是万千景象都在《易经》的天人合一之理法中，且已被阐发得明明白白了。由此可知，太极拳的理法来源于《易经》之理法，《易经》乃太极拳术攻防之道修炼之经典著作之一。

注解

① 太极原生无极中，混元一气感斯通：

无极道体无形无象，就其所用乃有一气流行。此乃说明，自己的法身道体如以体言，则无形无象；如以用言，乃有一气流行。而此一气流行的法式具备知来藏往的功能，含有阴阳两种现象，就是动者为阳，静者为阴。由此可知，无极、太极，是一个事物的两个方面。从太极来看无极，是无形无象的虚无之景象；从无极来看太极，乃虚无中之妙有的景象。这就是"太极原生无极中"的精义。指向并非指太极由无极而生出来的。道体这种有无的存在，老子在《道德经·第一章》中"故常无，欲以观其妙；常有，欲以观其徼。此两者同出而异名，同谓之玄"就阐发明白了。

但是，如何修炼太极拳术攻防之道才能达到全体透空的太极艺境和无形无象的无极艺境呢？只有如法修炼内功的炼精化气、炼气化神、炼神还虚，才能够逐步升华，达到道体法身的完善，依次达到全体透空、太极艺境、无形无象的无极艺境。这就是"浑元一气感斯通"句所欲揭示的精义。正如前贤所言："练拳莫先于练气，练气要首在于存神。存神之始功，根于固精。能此方可以论拳之练法，否则作辍之，鲜有成为完璧者。工夫贵勿刚勿缓，和平得中，且存且养，内外兼济。直外便能和中，练形亦可长生。活动筋骨身轻灵，周身气血力加增。"此论点明了修炼太极拳术攻防之道必须先修炼内功，否则不会成功。

至于修炼太极拳术攻防之道的基本内容是什么，简单的回答就是："乾，阳物也；坤，阴物也。阴阳合德，刚柔有体。以成天地之撰，以通神明之德。其名虽杂，而不越也！"遵此而修，方能功成艺就。这就是遵从"物有本末，事有始终，知所先后，几近道矣"的基本修炼法则。

②先天逆转随机变，万象包罗易理中：

修炼太极拳术攻防之道，不在于外形，而在于法身道体的功夫成就。本着"人法地，地法天，天法道，道法自然"的逆修法则来修炼，才能让后天外形的攻防功能返回到先天一气的攻防功能上来。正如老子所说："执古之始，以御今之有，是为道纪。"只有达到自法身、己道体之圆满无亏的德普三光的艺境，才能在攻防较技时，自如地做到应物自然、随机变化以制胜。

修炼太极拳术攻防之道的"法分三修，游历三境，功成一也"，是系列方法、系统工程的躬身自厚的成"文兼武全将相身"之才的事业，其中种种体、用及艺境升华的内容，虽然繁杂，但都包罗在《易经》所阐述的天人合一的理法之中。这一点就说明了《易经》乃修炼太极拳术攻防之道的经典之一。

延伸阅读

歌诀中阐明，太极拳法的修炼、健体、致用，及攻防功夫艺境升华之万象变化，皆包罗在《易经》的天人合一之理法之中，那学习《易经》乃学拳练艺的必修之事，自在情理之中了。故即兴做太极功夫境界歌，录之于下。

全体透空太极境，
灵通一点及神明。
劲形逆从知盈虚，
万拳变化法身中。

五乘功夫
（七言八句）

拳家言：法分三修，成功一也。所言成功一也，又有五乘功夫，曰："骨、筋、皮、毛、发。"①

自古传承门路清，体用精求无虚华。②

磕格碰撞是骨打，全身五弓为筋发。③

皮打抖弹震死牛，④毛发松弹守三阳。⑤

气形化一归无象，⑥阴阳互感通天下。⑦

凌空劲不达，体不松而用招，招不熟而言劲，劲不懂而炼气，气不感焉得通天下。⑧

《易》曰：易无思也，无为也，寂然不动，感而遂通天下。⑨

题解

此歌诀以精练的语言，阐发了太极拳修炼的骨力、筋发的形拳招熟之小成攻防功夫艺境，以"皮打抖弹震死牛"来说明气、意拳懂劲的中成之攻防功夫艺境，以"毛发松弹守三阳"来说明神拳神明的大成攻防功夫艺境，以"气形化一归无象"来说明神拳神明、具备神化之功的无上境。并以《易经》的"易无思也，无为也，寂然不动，感而遂通天下"来说明太极拳的修炼、致用崇尚无为法式。当修炼到"以天心为体，以元神为用"的神化之功的火候，就到达了"静为本体，动为作用"的体用一元之境界。

注解

① 又有五乘功夫，曰："骨、筋、皮、毛、发"：

这是在形拳招熟，气、意拳懂劲，神拳神明，这三层攻防功夫艺境的基础上，又进一步细分了五个层次。这一分法可使修炼者有一个明确的进阶思路，能够自己随时把握修炼的主要内容及攻防功夫的进程。那"骨、筋、皮、毛、发"五乘功夫与以上三层攻防功夫艺境之间到底是一种什么样的关系呢？下面逐项论述之。

② 自古传承门路清，体用精求无虚华：

太极拳术攻防之道的修炼、健体、致用及攻防功夫艺境升华的内容，自古代流传至今，皆为师之口传身授而来，代代承传门清路明，从来没有间断过。太极拳术攻防之道的修炼包含健法身德之体、法身道之体，致道用，制人而不被人所制。正如前贤所言："涵养之以静以蕴其继，灵妙之以动以畅其用。体非无以立其大本，用非无以彻其元功。"求得法身道体浑浑厚厚、实实在在的真攻防功夫，即是"黄中通理美在其中"的真功夫，而无虚华其表的门面装点之内容。

③ 磕格碰撞是骨打，全身五弓为筋发：

磕格碰撞是骨打：此乃形拳的劲形顺从的第一步功夫，即明劲实骨的艺境。明劲者，即拳之刚劲也。易骨者，即炼精化气易骨之道。关于此明劲实骨的攻防功夫艺境，心意拳门在《交手法》一文中早已经谈到，部分记录如下。

占右进左，占左进右，发步时足根先看地，足尖以十趾尖抓地，步要稳当，身要庄重，捶要沉实而有骨力，去时撒手，着人成拳。用拳拳要卷紧，用把把要用气。上下气要均停，出入以心为主宰，眼手足随之去。不贪不歉，不即不离，肘落肘窝，手落手窝。右足当心，膊尖向前，如是换步，亦如是势。拳从心发，以身催手，手以心把，心以手把，进入进步，一步一捶。一支动，百支俱随。发中有绝，一握浑身皆握，一伸浑身皆伸；伸要伸得进，握要握得狠。如卷炮卷得紧，崩得有力，不拘提打，按打，烘打，旋打，斩打，冲打，锛打，肘打，膊打，掌打，头打，进步打，退步打，顺步打，拗步打，横步打，以及上下左右前后百般打皆要一起相随。出手先占正门，此之谓巧。骨节要对，不对则无力。手把要灵，不灵则生变。发手要快，不快则迟误。举手要活，不活则担险。存心要精，不精则受愚。发作要鹰捉勇猛，外静要胆大；内机要熟运，切勿畏惧迟疑。静似书生，动如雷发，人之来势，亦当审察……

此《交手法》一文，只摘录到此，后面可自行寻文阅读。此文中"捶要沉实而有骨力""骨节要对，不对则无力"之句，表明了"磕格碰撞是骨打"的形拳之明劲实骨的功夫艺境，这也论证了形拳的明劲功夫、施招用手多磕格碰撞的方法。这句拳诀是说形拳的明劲实骨之功夫艺境，是攻防成手三步功夫的第一步。

全身五弓为筋发：古人云"人身犹如一张弓"，指自身攻防机体的蓄发机制之势。三皇炮捶门言"三张弓"。而陈氏和武氏两家讲究全身整体劲势的蓄发相变，是要求细致到"一身备五弓"的。上述三种说法，有传统拳术历史发展的痕迹存焉！然而其所反映的自身攻防机制的"弓"的概念是一致的，讲究全身整体劲势的蓄发相变的要求是相同的，故将"一身备五弓"的内容简介如下。

"一身备五弓"指的是身躯犹如一张弓，两手为两张弓，两足为两张弓。五弓合一，蓄发相变，是为全身的攻防机制达到整体劲势的最佳状态。这是指"形拳"的整体劲势而言的。然而只有形用半，劲用对五，阴阳逆从，劲形反蓄，中土不离位，五弓

"三正两奇"的攻防蓄发相变，才能"静如山岳，动若江河"，蓄发同时，生生不已，源源不断，滔滔不绝。能如此，关键是全身的"十二经筋"连结全身之骨的攻防动变机制的建立，故曰"全身五弓为筋发"乃"形拳"的第二阶段之功夫艺境。

身弓以腰为弓把，脐后腰脊命门穴始终以意贯注，中定而不偏倚摇摆，放劲时命门穴须往后撑（是用意），腰往前顶（乃用形），"暗门"（颈椎第一节）和尾闾骨为弓梢，上下对称，调节动度，加强蓄吸（发）之势（武氏的身弓，以大椎为弓梢之一，较"暗门"的调节动度为小）。身弓备，则腰部柔韧中定而下沉，上有"暗门"虚竖，大椎微微鼓起有上提之意（即拔背，有气贴背的作用）；下有尾闾内前送而内劲有上翻之意。尾闾骨要前送，则无突臀之病；臀又要有上泛之意，则内劲自裆中上翻，经脊背至头顶而下，气落丹田。

手弓以肘为弓把，以意贯注于肘节，使沉着松静而有定向。手腕和项下锁骨为弓梢，弓梢必须固定，前后对称。手在松柔灵活中用"坐腕"来固定（掌根用意微微下沉，腕关节柔软松活而不失掤劲谓之"坐腕"）。锁骨用意来固定，不使偏倚摇摆，锁骨管着两手的动向，锁骨的用意固定是两手固定的前提。

足弓以膝为弓把，胯骨与踝骨为弓梢。足弓背，则膝节有力微前上挺，后胯托前胯是为了坚膝。前足掌踩，后足跟蹬，内劲往上翻，腰腿的"劲势"自然相顺相随。是谓"有上必有下，有前必有后，有左必有右"，相反相成，对拉匀称，自然能劲起脚跟，主宰于腰，运化于胸，发于背脊，形于手指。

　　五弓以身弓为主，手弓足弓为辅，是以腰为轴，上于两膊相系，下于两腿相随，中正安舒，左右虚实自然能够上下相随。以不动之腰脊，催动动之手足。周身劲势齐整如一，就能"机由己发，力从人借"，弧形走化，黏直发劲，蓄发相变，滔滔不绝，其环无端。功夫极深者，但依着何处即从何处发之。

《太极拳全书》

此一身备五弓的攻防机制，势势相承，节节贯串，内气、外形虚实变换灵动，不断地弧形走化，不断地直进黏逼，而变转时，仍然以周身外形规矩合一为主要内容，这都表明了"全身五弓为筋发"乃形拳之"暗劲"初期功夫艺境之说法。

上述乃形拳的明劲之骨力、暗劲初期全身五弓为筋发的功夫艺境之阶段，主要是因形练形，为有形之筋劲骨力的形拳功夫。形拳功夫阶段主要是攻防招法运使的招熟功夫之磨练阶段。因为此阶段的功夫还是以外形之筋劲骨力为主，故而用于攻防之中，虽然以先天之神为体用，但不能以此为主要功能之体现，故属于形拳功夫范畴。攻防招法运使招熟，为此阶段功夫完成，即形拳功夫艺境的完成。此乃谚云：三年一小成的小成功夫。

④ 皮打抖弹震死牛：

此乃气拳或意拳的功夫艺境、成熟之境界的描述，就是平常所说的一个皮囊中装有半囊水的"皮囊劲"的攻防功夫，即暗劲功夫后期的阴阳逆从、劲形反蓄、动静互为其根、阴阳迭神其用的懂劲所能发放的分劲打法之说法，亦即通常所说的"隔山打牛"的分劲发劲法。此时的功夫已以内劲的惊弹、崩炸、抖擞之蓄放为主而用，不在外形的拧裹、钻翻、螺旋的蓄发之劲势中求之了。所谓有形练到无形处、练到无形是真功的第一步，已初步脱离形拳的筋劲骨力的有形之法式，达到无形之内劲、有形之运用的功夫阶段了。所谓无形的内劲之有形的运用，是说外形的全体透空，故曰皮毛；而内劲的抖弹，是说内劲在体内自觉还有腾挪、鼓荡、抖弹的劲形之状态，即内劲尚未化于无形之候。而此真功是"真气功夫"的简说。此时乃"外无形而内有劲形"的状态。关于此时的功夫艺境，前人亦有明论，记之如下。

能隔断血气之道路使不接续，能壅塞气血之运转使不流通，可以分筋骨毙性命于顷刻，气之为用大矣哉！但须知其聚，明其发，神其用，方能入壳，如射之中的……。

《易筋经贯气诀·点气论》

夫内劲寓于无形之中，接于有形之表，而难以言传，然有其事理亦可参焉。盖志者气之帅也，气者体之充也，心动而气即随之，气动而力即赴之，此必然之理也……。惟颤劲出没，其捷可使日月无光，而不见其形。手到劲发，天地交合而不费其力。总之，运于三性之中，发于一战之倾，如虎伸爪不见爪而物不能逃；龙之用力不见力而山莫能阻。克人其有不利者乎？

《六合十大要序·十日内劲》

一身之劲，练成一家。分清虚实，发劲要有根源，劲起于脚根，主于腰间，形于手指，发于脊背。又要提起全付精神，于彼劲将发未发之际，我劲已接入彼劲，恰好不先不后，如皮燃火，如泉涌出。前进后退，无丝毫散乱，曲中求直，蓄而后发，方能随手奏效。

李亦畲《五字诀·劲整》

此"皮毛抖弹震死牛"的气拳，或曰意拳的"暗劲"后期之懂劲的全体透空的攻防功夫艺境，自是神知的阶段，已然不在外形的筋劲骨力之拧裹、钻翻、螺旋之形势中求了，唯以内劲之惊弹、崩炸、抖擞之劲势为用。故此拳有临皮打的内劲抖弹、摧人致内伤的效果，此乃发放内劲势的技术，为至巧至妙之功夫所致。有此功夫者，亦可具备"用必打犯不伤人"的功能了。

⑤ 毛发松弹守三阳：

此乃神明的神拳之攻防功夫艺境，即全体透空的太极境界。谚云："驱掉众阴邪，然后立正阳。"既然正阳为一，为何以三阳言之？而又言"守三阳"？此中精义，需辨而知之。此守三阳，乃取泰卦的三阳开泰立义。泰卦卦象，坤上乾下，如人体修炼之外阴形、内阳气。修炼拳术至全体透空的太极境界，正是亨通泰平的阴平阳秘、其身乃治的身体健康、安泰平和之景象。

但为何言"守三阳"呢？因为正阳之气分为三种用法，《拳经拳法备要·气法指要》的歌诀中说：

须分存气常充腹，贯通筋骨壮形体；
翻复回旋身辗动，杀手休将气放怀。

此歌诀说明了内阳之气的两种用法，一部分阳刚之气放置在少腹丹田中，作为定砣而使用；一部分阳刚之气贯通筋骨壮拳势。此两部分阳刚之气的作用，已经说清楚了。"二阳"已明，尚有"一阳"又哪里去了呢？做何用了呢？这就要说到具有抗击打能力的"铁布衫"之功夫了。即有一部分阳刚之内气，根据具体功法，已在身体的皮里肉外形成了一层薄膜，此薄膜形成，犹如人体穿上了一件布衫，而此薄膜布衫具有护体的抗击打能力和效果，故以"铁布衫"喻之。这样，我们就知道"守三阳"之说，是指少腹丹田的定砣之阳气，守之使之不能离位；合成铁布衫的阳刚之气的薄膜，守之使之不能消失，方具有抗击打的护体之功；随时以备出击壮大拳势击人的阳气，要守住而时以蓄备之。这就是"守三阳"之精义。然而，定砣之阳气、成膜护体之阳气，二者忠于职守显而易见。最难的就是"壮大拳势的阳气"如何守？

此句"毛发松弹守三阳"的关键在一个"松"字上。一般习拳者在读到此句话时，认为"松"是指外形的"松活""松灵"，其实不然，《内功经》中说："曰松，劲之涣也；曰汗，劲之萃也。"注文中说："松者，柔之甚也，软之极，养精蓄锐之意也。"说明此"松"字是言表"内劲"之贯通筋骨壮拳势那"一阳之气"的状态的。因为此时已经到了"全体透空"的太极之"虚灵妙境"了，哪里还会有"外形"的"松紧"问题可谈论的呢？也只有"内劲"的"松紧"问题可谈论了。况且，达到"全体透空"的太极境界，就连内劲的"升降"法式的"吸提呼放"都已置之不用了，只运用内劲的"寂感遂通"的"涨渺"法式。如果以内劲的浑圆收聚之"渺法"为"紧"，则内劲的浑圆发放之"涨法"为"松"。此乃对此时此境之内劲的"松"与"紧"的认识。以这样的观点来认识"壮大拳势的那一阳之气"的"松弹"二字之精义，也就理解了此内劲的"涨"发之法。以上述对正阳之气的"三阳"功能分配的论述来认识"毛发松弹守三阳"这句诀言的精义，也就不会有偏颇了。修炼、健体、致用，自然有法了。

首先要确定，"毛发松弹守三阳"已是三阳开泰神明艺境的神拳功夫了。以神击神，身未动而得人，则一触即发的功夫得矣，自然具备荷叶滚珠无点不弹簧之功夫，又有沾衣如号脉、沾衣十八跌的功夫，还有来力不入、去力无阻的功夫。有此数项功夫，才能体现出神明的神拳功夫艺境。

这里需要将神拳的"来力不入，去力无阻"的攻防功夫艺境之实质内容解释一下，以便让习拳者依法而修，功有所得，不至于进入误区。

来力不入，是因为有皮里肉外的合膜功夫。此膜合成，身体犹如穿了一层衣衫，具有相当的抗击打能力，自有护体的功能，古人称之为"铁布衫"。对方击来如击到空桶壁上，而我则不受其力的冲击而受伤，故称此功夫为"来力不入"。

去力无阻，是内劲化于无形，当对方击我身体某处之时，我不畏其击打。当其击我身体瞬间，我之内劲已然节节摧打对手至脏腑，造成对手反被击打，此谓之"去力无阻"。我亦可主动攻击，攻击时只触及对手皮毛，其必应击飞跌而出，且未有受力击打之感觉，此亦是"去力无阻"。

关于"来力不入，去力无阻"的功夫艺境，我行走江湖数十年来，每遇怀疑者，皆可让其亲自证验，无一次失误，故以此交友甚众。此并非自我吹嘘，实乃"以形鉴真"之证验也。我非人前夸耀之辈，随我习拳二十年的弟子张某，并不知道我具备此种功夫。就在 2003 年 11 月某天，美国朋友诺雷顿先生经徐谷明先生的弟子介绍来拜访时，我特约张某一起陪客坐谈。在坐谈过程中谈到这种功夫时，为让这美国朋友相信，只得让这美国朋友随意击打我（他练了八年拳术，有一定的击打力度）。他先以小臂击打我左小臂，内横向一击下去，力度很大。我用了"来力不入，去力无阻"的法式，其当即觉右肘、肩、胸、腹内受到重创一般难受。待其稍微休息片刻，身体舒适，我站正面偏马中盘式，彼亦中盘架式直拳，连击我腹部三拳。第三拳时，其用上钻拳击我胸口窝处，我此时只用"来力不入"法式，其拳头就已然骨疼，由此可证其力之大。张见其击我胸口窝处，着实吃了一惊，深恐我被击伤，可证其不知我具备此种功夫了。第三次，其连续两拳击我右胸肩窝云门穴、中腑穴处，我用"虚体来风"法式，将其所击之力透体而过，不受其力，使这位从美国来我国学习汉语、针灸的朋友惊讶不已，深感中华传统拳术攻防之道的功夫博大精深，不可测度、不可思议。后来，他拜我为师，学习中华传统拳术攻防之道，宣传中华传统拳术功夫，甘作一名中美民间文化交流的使者。

"毛发松弹守三阳"，正是驱掉众阴邪、立正阳的有形练到无形处、练到无形是真功的真气功夫的体现。但此时体内尚有铁布衫之膜形、丹田定砣之气，即内有仍劲之形，尚未到内气无形无象之候。

如果以"毛发松弹守三阳"与"皮打抖弹震死牛"这两句话所表达的攻防功夫艺境来作比较的话，"毛发松弹守三阳"之句的精髓，体现的是上德无为而无以为的艺境；"皮打抖弹震死牛"之句的精髓，体现的是下德无为而有以为的艺境。故而我认为"毛发松弹守三阳"为神明的神拳之全体透空太极境界，"皮打抖弹震死牛"为神知的气拳、意拳的劲形反蓄之懂劲的后期之艺境。"毛发松弹守三阳"，体现的是十年一大成的功夫艺境之一；"皮打抖弹震死牛"，体现的是七年一中成的功夫艺境。一为神明，一为神知，两者的攻防功夫艺境，自有其水平高低的差异，这是很自然的事情。

⑥气形化—归无象：

此乃神、气、形浑化归一的无形无象的无极功夫艺境，是神拳、拳道合一之最终正果，乃修炼拳术攻防之道的圣境，亦名无上境。前贤对此功夫艺境，亦多有所论，摘录几则如下。

　　一羽不能加，蝇虫不能落。人不知我，我独知人。英雄所向无敌。

王宗岳《太极拳论》

妙乎神者，方称为法；化乎一者，始谓之拳。

良轮《张氏短打拳》

所难者，内要含蓄坚刚而不外施，终柔软而应敌。以柔软而应坚刚，使坚刚尽化无有矣！神明艺境，化境极矣！

《太极下乘武事解》

拳术至练虚合道，是将真意化到至虚至无之境，不动之时，内中寂然，空虚无一动其心，至于忽然有不测之事，虽不见不闻，而能觉而避之。《中庸》云："至诚之道，可以前知"，是此意也。

《拳意述真》

上述各前贤之论，从多个角度对拳道合一的练、体、用给予了论说，可使习拳者有所遵从地精心修炼，以期功得正果，超凡入圣，享无穷天乐！

为什么说此乃神拳的拳道合一之最终正果，是圣境、无上境呢？因为天地具好生之德，能造化万物，故习拳练武到了神拳的拳道合一的化境，是为神武不杀之境。传统的武学、拳学之最高无上境，就是天人合一的神武不杀的境界。至道之境，自具好生之德。习拳练武，能达神明艺境，具神化之功的神武不杀之时境，当然赞参天地，立于大地间，必足以止戈于亿万代之后。此乃无上之功德，亦是无量功德。

⑦阴阳互感通天下：

太极拳术攻防之道的练、体、用之系列方法、系统工程的核心，不外是"健顺参半，阴阳互感通天下"。这要从体、用的内容来论通天下之本义，即健德体，练就健顺阴阳互感的德体，致道用，方可行走江湖，通行天下无阻。正所谓：体健天下无敌手，拳成四海无人争。故要论明此义，必须分体、用来论。下面依次简单论之。

体：健顺德之体，和之至也，一气流行，内有健之体的阳刚之性、顺之体的阴柔之质。互感者，假外形以练内气，假内气以练外形。阴不离阳，阳不离阴。动静互为其根，阴阳迭神其用。阴阳各司其职守而互为其用。正是：柔里有刚攻不破，刚中具柔方为坚。柔化刚发、以柔用刚，无不是内气、外形阴阳互感而贯通。天下者，自身也。通天下，贯通自身。只有健顺参半、阴阳相济、君臣主从分明，方能一气贯通全身，直至拳道合一的无形无象之无极之体。此文有"太极安天下"之精义。此乃"阴阳互感通天下"之句从"德体"而言之精义。

用：亦须知阴阳，黏即是走，走即是黏；柔化刚发，以柔用刚；一点子黏走相生，化打合一。正是阴柔走化不离阳刚黏逼，阳刚黏逼不离阴柔走化。值此阴不离阳，阳不离阴，阴阳相济，方为懂劲。懂劲后愈练愈精，潜神而练，默然揣摩，渐至神明，随心所欲。所谓"黏走相生，化打合一"，就是与他人较技时与人阴阳相济，互感而通，舍己从人，唯以他力取法之无上法。能如此者，可以通行天下无阻矣。正所谓：一羽不能加，蝇虫不能落。人不知我，我独知人。英雄所向无敌。是谓能"通行天下"。以上是从"致道用"的方面认识"阴阳互感通天下"一句诀言之精义的。

盖皆由此而及也！即皆由自身的健顺之德体，君臣主从阴阳互感而贯通，神明不昧；与人较技，舍己从人，黏走相生，阴阳相济；机由己发，力从人借，处无为则无不为也。是无争为争，故天下莫与之能争也。此乃以"体、用"立论阐明"阴阳互感通天下"的全部之精义。

⑧凌空劲不达……焉得通天下：

这段话是言说太极拳练功层次顺序的。练功自有功夫艺境的层次之差异，而每步功夫层次之成果，又是下一个层次的基础，故修炼者只能依层次顺序而递进升华。修炼过程有始有终，有本有末，层次有先有后，这是不能躐等的。这段论述指明了每个功夫层面应必备的具体功夫内容，只有具备了一个功夫层面的内容，才能向另一个功夫层面升华。而这段论述，也是以"骨、筋、皮、毛、发"五乘功夫层次为核心而展开的。故不是孤立的一段论述，而是与前后文统一的。简单来说，这段文字说的是凌空劲不达，则气不感，不能通天下。练气不达寂感遂通之境，是做不到凌空劲功夫的；体不松而用招，招法是不会具有攻防作用的；招不熟而言劲，这是不可能的，不懂劲而要修炼"皮打抖弹震死牛"的用气功法，这也是不可能的；"气不感焉得通天下"，内气功夫不能达到寂感遂通的境界，就想达到"毛发松弹守三阳"的境界，也是行不通的；只有达到"气形化一归无象""拳道合一"之境界，才能阴阳互感通天下，达到神拳的无为之化境，具备神化之功。下面依次具体解释每句话的精义。

凌空劲不达：拳诀云：拳有寸隔，见肉锋伤；腰无少主，巧终狈狼。说明全体透空是真功夫。

凌者，侵犯伤人之谓也。以内劲言之，即"发"也，发则如矛，自能侵犯伤人。泻力者，名曰"空力法"，即"化"也。化者，有化于无形，有化于无效。化于无形者，神化之功；化于无效，可有诸法之用，敷、盖、吞、对诸法皆可化于无效。以"对"法言，乃来力不入、去力无阻之法式。来力不入者，内劲合成薄膜的铁布衫之功夫，乃"盾"牌的防守之功夫，无矛可刺穿也；去力无阻者，内劲的无有入于无间之功夫，乃"矛"枪的攻击之功夫，无盾可阻挡也。此内劲的矛盾统一于自身的功夫，非达全体透空的太极艺境实不可能也，而这个功夫艺境名曰"凌空劲"。但凌空劲不达的直接原因，是健顺和之至的太和一气尚未达到"三阳开泰"的"感而遂通"的艺境，也就是说尚未达到合膜功成、丹田定砣、内劲涨渺、感而遂通的艺境。这又如何有凌空劲的来力不入、去力无阻的功能呢？此凌空劲的功能，就是前面歌诀中"毛发松弹守三阳"一句所描述的功夫艺境之情景。

体不松而用招：攻防招法变化至妙之自出，非身柔若絮、灵活稳准难以为之。身体不松活灵动却僵、硬、蛮、横，而又想用招攻防巧妙，那怎么能够做得出来呢？

招不熟而言劲：练传统拳术攻防之道，以攻防成手过程而言，先求形拳的招熟功夫成，而招熟又先求硒格碰撞，这是骨力的形拳初步功夫阶段，也是全身五弓为筋发的成熟阶段。筋劲骨力的形拳之招熟后，再求气拳、意拳的懂劲，这才是功成之顺序。王宗岳《太极拳论》中说："虽变化万端，而理则一贯。招熟而渐悟懂劲，由懂劲而阶及神明。"攻防招法都不纯熟而求懂劲的皮打抖弹震死牛的功夫境界，是欲速则不达的愚蠢行为，欲成功是不可能的。

劲不懂而练气：懂劲，就是知道如何运用阳刚之内气、阴柔之外形。知道柔化刚发的法则；知道以柔用刚的技术方法；动手较技时，知道人刚我柔谓之走、我顺人背谓之黏的一点子黏走相生、化打合一之功法，也就是阴阳相济的懂劲功夫成了。这时才能谈及如何修炼健顺和之至、太和一气的毛发松弹守三阳的神明功夫艺境。如果连劲都不懂，就讲求如何修炼太和一气的神明艺境，这是不可能的。修炼内功方有利于懂劲。关于这一点，古人早有论述。记之如下。

气贯周身法

夫气起于丹田，长于泥丸，降于背，入于肩，流于肘，抵于腕，至十指尖，此气之上贯也。气行丹田，入于两肾间会阴穴，沿腿中降于涌泉，此气之下贯也。气随心到，心逐气穿，心能普照，气自周全，久而能力自加焉。式如行云流水，无停无滞，瞬息存养，动静清轻而灵，入手神妙。可以

进退如意，形无定门，非斜非横，忽高忽低，功夫到此，可
谓通真。

《浑元剑经内篇》

上段气贯周身法的论述表明了"劲不懂而练气"这句话的精
义。只有及早修炼内气功夫，才能懂劲，才能通往神明艺境，才
能达到真一不二之圣境。

气不感焉得通天下：健顺和之至的太和一气之修炼，没有达
到心合于无、感而遂通的不期然而然、不期至而至的自动化神明
艺境，怎么能说自身已达虚实相需、内外一而贯之的拳道合一之
艺境了呢？诀言"拳有寸隔，见肉锋伤"就说明了这一点。只有
功臻全体透空的太极境、无形无象的无极境之艺境，才能达到寂
感遂通的神明艺境，具备神化之功。只有如此之境，才能"体健
天下无敌手，拳成四海少人争"，方可超凡入圣境，庶几驭众为
高明，不负古人之留意、仙佛之苦衷。

功夫修炼未至太和一气、感而遂通的神明艺境，焉得通行天
下呢？内不得全体透空之真境，外行走天下必有阻。

⑨《易》曰……遂通天下：

此段语出《系辞上传·第十章》，意思是说：《易》本身是演
绎天道的学问，天道无思考之事，《易》也没有思考；天道本无
为也，即不先物为，《易》也本无为也，同样不先物为；天道寂
静像没有行动，《易》也寂静得像没有行动；天道能感应到天下
万物之需求，就顺遂以成全之，《易》亦能够感应人之所求，因
其能贯通天道理法，故亦能顺遂以成全之。如果《易》之学说不
是天下最神奇、神明的至道学问，其能灵验到如此"感而遂通天
下之故"吗？

前贤以《易》的无思无为、寂然不动、感而遂通天下的功能，

借喻太极拳术攻防之道的修炼本不是因思考而成之的，而是由众法无为的唯道是从的修炼得来的。所谓法无为，就是不先物为，才能因物之所为而无不为，方能循序渐修、顿悟而致功成艺就。这就是依循"磕打碰撞是骨力，全身五弓为筋发"的形拳之招熟为练功起步，继之以"皮打抖弹震死牛"的气、意拳之懂劲为进阶，再继之以"毛发松弹守三阳"的神拳之神明为初步功成，后达至"气形化—归无象"的神拳之神明的拳道合一之寂感遂通的艺境。寂感遂通的艺境乃太极拳术攻防之道、无为之神明艺境。达至此艺境，心合于无，至于忽有不测之事，虽不见不闻而能觉而避之。达到此寂感遂通的无上境，别无他种秘诀，只依阴阳互感的健德体、致道用循序渐进，便可自通。通达后，便可通行天下，即"体健天下无敌手，拳成四海少人争"。此乃"阴阳互感通天下"的内外、始终之精义。

太极拳术攻防之道如果不是天下最神奇的功夫，如何能至"寂感遂通"的神明之"无上境"呢？不修炼致"寂感遂通"的神明之无上境，又如何能说得清楚明白这个境界呢？故知前贤的"五乘功夫"之论述乃脱凡入圣之大家所言，乃为方便后继而开的方便之门。

今既为同好所想，不敢怠惰，竭心尽力以解之，如有不尽前贤之精义处，皆我之过也。希方家以斧正，明家以指误，吾代后继以谢之。

人文武术精品书系
北京科学技术出版社

武学名家典籍丛书

杨澄甫武学辑注 《太极拳使用法》《太极拳体用全书》	杨澄甫　著 邵奇青　校注
孙禄堂武学集注 《形意拳学》《八卦拳学》《太极拳学》 《八卦剑学》《拳意述真》	孙禄堂　著 孙婉容　校注
陈微明武学辑注 《太极拳术》《太极剑》《太极答问》	陈微明　著 二水居士　校注
薛颠武学辑注 《形意拳术讲义上编》《形意拳术讲义下编》 《象形拳法真诠》《灵空禅师点穴秘诀》	薛　颠　著 王银辉　校注
陈鑫陈氏太极拳图说（配光盘）	陈　鑫　著　陈东山　陈晓龙　陈向武　校注
李存义武学辑注 《岳氏意拳五行精义》 《岳氏意拳十二形精义》《三十六剑谱》	李存义　著 阎伯群　李洪钟　校注
董英杰太极拳释义	董英杰　著　杨志英　校注
刘殿琛形意拳术抉微	刘殿琛　著　王银辉　校注
李剑秋形意拳术	李剑秋　著　王银辉　校注
许禹生武学辑注 《太极拳势图解》 《陈氏太极拳第五路·少林十二式》	许禹生　著 唐才良　校注
张占魁形意武术教科书	张占魁著　王银辉 吴占良　校注
王茂斋太极功	季培刚　辑校
太极拳正宗	杜元化　著　王海洲　点校
太极拳图谱（光绪戊申陈鑫抄本）	陈　鑫　著　王海洲　藏

武学古籍新注丛书

王宗岳太极拳论	李亦畬　著　二水居士　校注
太极功源流支派论	宋书铭　著　二水居士　校注
太极法说	二水居士　校注
手战之道	赵　晔　沈一贯　唐顺之　何良臣　戚继光 黄百家　黄宗羲　著　王小兵　校注

百家功夫丛书

张策传杨班侯太极拳108式（配光盘）	张喆 著 韩宝顺 整理
河南心意六合拳（配光盘）	李洳波 李建鹏 著
形意八卦拳	贾保寿 著 武大伟 整理
王映海传戴氏心意拳精要（配光盘）	王映海 口述 王喜成 主编
张鸿庆传形意拳练用法释秘	邵义会 著
华岳心意六合八法拳	张长信 著
戴氏心意拳功理秘技	王毅 编著
传统吴氏太极拳入门诀要（配光盘）	张全亮 著
吴式太极拳八法（配光盘）	张全亮 马永兰 著
拳疗百病——39式杨氏养生太极拳（配光盘）	戈金刚 戈美葳 著
尚济形意拳练法打法实践	马保国 马晓阳 著
非视觉太极——太极拳劲意图解	万周迎 著
轻敲太极门——太极拳理法与势法	万周迎 著
冯志强混元太极拳48式	冯志强 编著 冯秀芳 冯秀茜 助编
刘晚苍传内家功夫与手抄老谱	刘晚苍 刘光鼎 刘培俊 著
赵堡太极拳拳理拳法秘笈	王海洲 著
京东程式八卦掌	奎恩凤 著
功夫架——太极拳实用训练	朱利尧 著
道宗九宫八卦拳	杨树藩 著
三十七式太极拳劲意直指	张耀忠 张林 厉勇 著
说手——太极拳静思录（全四卷）	赵泽仁 张云 著
太极拳心法体用——验证与释秘	宋保年 杨光 编著
宋氏形意拳及内功四经精解	车润田 著 车铭君 车强 编著
陈式太极拳第二路——炮捶	顾留馨 著

民间武学藏本丛书

守洞尘技	崔虎刚 校注
通背拳	崔虎刚 校注
心一拳术	李泰慧 著 崔虎刚 校注
少林论郭氏八翻拳	崔虎刚 校注
拳谱志三	崔虎刚 点校
少林秘诀	崔虎刚 校注
拳法总论	崔虎刚 点校
少林拳法总论	崔虎刚 点校
母子拳	崔虎刚 点校
绘像罗汉短打	升宵道人 编著 崔虎刚 点校
六合拳谱	崔虎刚 点校
单打粗论	崔虎刚 点校

拳道薪传丛书

三爷刘晚苍——刘晚苍武功传习录	刘源正　季培刚　编著
乐传太极与行功	乐匋　原著　钟海明　马若愚　编著
慰苍先生金仁霖太极传心录	金仁霖　著
中道皇皇——梅墨生太极拳理念与心法	梅墨生　著
杨振基传太极拳内功心法	胡贯涛　著
卢式心意拳传习录	余江　编著
习练太极拳之见闻与体悟	陈惠良　著
廉让堂太极拳传谱精解	李志红等　编著
武当叶氏太极拳	叶绍东　何基洪　蔡光復　著
功夫上手——传统内功太极拳拳学笔记	陈耀庭　著　霍用灵　整理
会练会养得真功	邵义会　著
八极心法——传统八极拳，现代研究修法	徐纪　著
犹忆武林人未远 ——民国武林忆旧及安慰武学遗录	安慰　著　阎子龙　田永涛　整理

功夫探索丛书

内家拳的正确打开方式	刘杨　著
借力——太极拳劲力图解	戴君强　著
武学内劲入门实操指导	刘永文　著
武术的科学：实战取胜的秘密	〔日〕吉福康郎　著　宋卓时　译
格斗技的科学：以弱胜强的秘密	〔日〕吉福康郎　著　宋卓时　译

格斗大师系列

伊米大师以色列格斗术	〔以〕伊米·利希滕费尔德，伊亚·雅尼洛夫　著 汤方勇　译

老谱辨析丛书

马国兴释读杨氏老谱三十二目	马国兴　注释　崔虎刚　整理